深度销售

一线销售的深度行动指南

DEEP SALES

朱圣金 ◎ 著

中国友谊出版公司

图书在版编目（CIP）数据

深度销售 / 朱圣金著 . -- 北京：中国友谊出版公司，2018.6（2019.11 重印）

ISBN 978-7-5057-4347-2

Ⅰ . ①深… Ⅱ . ①朱… Ⅲ . ①销售学 Ⅳ . ① F713.3

中国版本图书馆 CIP 数据核字 (2018) 第 060631 号

书名	深度销售
作者	朱圣金
出版	中国友谊出版公司
发行	中国友谊出版公司
经销	新华书店
印刷	香河县宏润印刷有限公司
规格	710×1000 毫米　16 开 13 印张　180 千字
版次	2018 年 6 月第 1 版
印次	2019 年 11 月第 2 次印刷
书号	ISBN 978-7-5057-4347-2
定价	55.00 元
地址	北京市朝阳区西坝河南里 17 号楼
邮编	100028
电话	(010) 64678009

前　言

我们生活在一个科技突飞猛进的时代，各种"新概念"层出不穷：工业4.0、智能制造、物联网、大数据、云计算……我们相信，这些新型技术会为我们未来的经济发展提供强有力的技术支撑。然而，概念仅仅是想法，而想法需要落地才能有效果。在这个过程中，需要不同专业和行业的人员通力配合，才能让想法"开花结果"。其中，市场和销售人员就是非常重要的一环，他们连接起公司和客户，将优质的产品和解决方案提供给客户，为客户创造更高的附加价值。也正是基于此，随着这两年国家对于制造业的投入和重视，很多制造业、科技业相关的公司顺势而为，开始大量招聘销售工程师来扩大市场份额，希望在这个窗口期获得快速发展。

销售工程师的工作本质在于销售解决方案，而不仅仅是卖产品。很多人会问，销售究竟是一份什么样的工作？有的人会说，销售仅仅靠一张嘴巴吃饭，在客户面前口若悬河，没有什么了不起的地方；有的人会说，销售需要很高深的情商，不是任何人都可以做的……不同的人从不同的角度去解读同一件事情，总会得到不一样的结论。这在很多社会科学领域是很常见的事情，每个人都可以有自己的看法。就像著名风险管理家纳西姆·尼古拉斯·塔勒布在其著作《黑天鹅》中所说："在社会科学领域没有绝对的权威。" 尽管可以从很多方面去解读销售工作，但是很多人没有从事过实际的销售工作，或者对于销售工作的思考并不深入，因此对于销售领域还是存在很多片面的认识。

其实，销售是直接创造经济价值的工作，所以，我更喜欢从经济利益的角度去解读销售。简而言之，销售是一份为双方或者多方创造经济利益的工作：对于所在公司，销售人员卖出更多的产品和服务，创造更多的销售利润；对于客户，销售人员通过产品和服务解决其实际问题，为客户创造更多的实际利益。所以，从利益的角度看，销售工作是一个很重要的利益创造和交换节点。

多年来，我一直战斗在销售一线，由于工作的关系，实地拜访了成百上千家客户，覆盖了手机、液晶、电子、汽车、金属、新能源等不同的行业。每个行业都有自己的行业特点，每当我们计划切入一个新的行业的时候，都要不断地去学习行业的新技术、新工艺，进而结合客户的特点，去推荐合适的产品和解决方案。在不断学习和工作的过程中，也会碰到各种各样的问题，进而引发很多的思考，本书便是在这样的背景下应运而生的。关于本书，我希望做以下说明。

1．真正的一线销售思想

本书的内容源于一线的销售工作，提炼的也是一线销售人员的销售思想。销售是一门实战型和实际性很强的工作，不是坐在办公室里闭门造车。很多在办公室里"憋"出来的想法，乍一听好像是对的，但在现实的销售工作中并不是那么一回事，"现实"和"想象"总是有差距的。我见过一些搞销售培训的人员，不知是否真正深入从事过销售工作，也许是从一些书中学到了一些销售方法，然后就在各个公司的培训室里侃侃而谈，听起来好像全是对的，但实际做起来好像又不那么对劲。因此，我希望能够在当下的环境下，提炼出最实用的一线的销售思想。

2. 简单通俗的语言

本书的目的在于让大家快速地了解销售的思路和方法，进而在工作中迅速实践。所以，在语言描述方面，追求的是简单、通俗。我不希望摆弄很多"高大上"的词汇或者概念，靠这些点缀去提升文章的格调，这不是本书的目标。我们更希望的是以简约的语言为载体，用有思想的内容去装备头脑。当看完本书后，留下的不是死记硬背的概念，而是销售的思想和思维方式。

3. 保持独立性和客观性

在成书之前，我没有研读过任何和销售相关的书籍，对于同事交流的观点，也很少全盘接收，而是采用"怀疑主义"的方法，去做深入地思考与分析。之所以这样做，是因为我希望保持思考的独立性和客观性，不要受外界的影响，而带有太多先入为主的主观性和感情色彩。在这个信息爆炸的社会，媒体消息、权威观点等信息满天飞，我们不缺少信息，而是缺少冷静独立的思考；没有独立的思考，我们的大脑就会变成别人思想的跑马场。

4. 注重销售细节，提供思考平台

本书没有写太多"高瞻远瞩"的内容，没有很多从"大宏观"角度去阐释销售的理论。而是从实际的销售工作出发，把笔墨放在了销售的细节上。我们相信，"细节决定成败"，如果所有的细节都能做到位，成功自然水到渠成。所以，本书不是系统介绍销售理论或者方法的，而是深入描述每一个实际工作中碰到的细节，并做一些分析和思考，在你阅读后，结合你个人的经历，引发更广泛更深入的思考。

销售工作直接面向的对象是活生生的人，在这个过程中，需要不断地和各种各样的人打交道，需要不断地去处理由"人"所衍生出来的问题。所以，销售工作，是一份不断参悟人性的工作。我们的关注点，不单单在于项目本身，还要着眼于人的需求。随着人生阅历的丰富和工作经验的增加，我们的思考和认知也不断在变化，之前的很多观点有可能会发生微妙的改变，甚至被自己完全推翻掉。就好比我在写下这些文字的时候，当我回头去看本书的内容，会觉得有些观点还需要做些补充修改……

这是一个不断变化的世界，面对它，我们大可不必担心，因为正是这些变化的存在，才使得工作更有魅力，思想不断进步。没有绝对正确的思想，只是在不同的时空下，有更合适的思想……

朱圣金

2018 年 1 月 10 日

目 录

第一章 销售精英都有"平衡思维"
平衡公司利益和客户利益 _2
维持价格，平衡利润与销量 _7
设定报价参考点 _11
形成"投入产出"的思考方式 _15
销售要靠智慧 _18
解决问题需反复思考 _20

第二章 高效行动，快速拿下订单
快速回复，主动出击 _24
培养积极解决问题的意识 _28
成败的关键——专业性 _31
销售都是"细节控" _35
列清单，让讲话更具条理性 _38
根据客户需求演示产品 _42
提高快速反应能力 _45
切"准"项目的跟进时间 _48

第三章 建立关系网，提升销售额
不聊销售，先聊一聊生活 _52
产品和人脉是销售的"终极武器" _55
重视"回头客" _59
记录客户月采购金额 _62
不要迷恋"关系" _65
用合作与发展解决矛盾 _68

第四章 客户就是上帝，用服务搞定客户

选择有效的沟通方法 _72

沟通必杀技——引导+深挖 _75

销售就是讲故事 _78

保持沟通的不紧迫感 _82

抓住关键人物的"心" _84

从客户的角度考虑问题 _87

没有关心，就没有关系 _89

对待客户需恭维与震慑同在 _92

平等交换条件，实现双赢 _95

逾期欠款的处理方法 _99

第五章 培养信息分析能力

找到关键人是完成订单的关键 _104

了解项目背景 _107

了解客户公司的组织结构 _110

学会辨别客户提供的信息 _113

用销售思维分析销售数据 _116

深度挖掘客户信息 _118

分析话语背后的信息 _121

第六章 态度决定一切

不要把精力放在给好处上 _126

做一个"主动型"的销售 _129

处理好公司关系和私人关系 _132

不要做"打鸡血"的销售 _134

形成自己独特的销售风格 _136

销售不是越难越好 _140

第七章　合作才能共赢

培养"大合作"意识 _144

用"差异化"构建竞争优势 _147

让客户成为你的推销员 _151

与同事高效配合 _154

主动化解与客户的矛盾 _157

第八章　做好需求分析，找准市场突破口

"三步走"，突破销售难点 _162

深入了解市场，搜集有效信息 _165

了解产业链，制定销售策略 _169

第九章　提升销售领导力

销售管理方式：结果导向和过程导向 _174

无激励不销售——销售激励机制 _178

有效的销售管理 _181

附录

值得反思的案例 _186

销售哲思短句 _193

第一章

销售精英都有"平衡思维"

万事万物都处于动态平衡之中,在销售领域同样如此。平衡思维并没有直接给出事情的答案,它告诉我们的是一种思维方式和思考方法。在不知不觉中,平衡思维贯穿始终。

平衡公司利益和客户利益

销售人员是连接公司和客户的直接纽带。从整个价值链条来看，销售人员是公司利益和客户利益的交换节点。一名优秀的销售人员，不应该只是单纯地考虑公司利益或者客户利益，而是要从中找到均衡点，平衡两者的利益。为什么要"平衡"，原因很简单。你是双方的利益节点——公司给你工资，你得到收益，自然代表公司的利益；客户给你订单，你得到业绩，当然也要考虑客户的利益。然而，很多销售人员的意识里并没有"平衡"的概念，而是单方面考虑一方利益，或者考虑了双方利益，但没有拿捏好平衡点。为了更好地理解其中的含义，我们分别来看一下公司利益、客户利益和平衡点。

·公司利益

公司是很多人组成的利益共同体，公司利益和个人利益息息相关，公司利益增加了，分配到每个人的利益才能增加。销售人员作为公司对外沟通的重要窗口，更应该时时刻刻为公司利益着想，这是基本的职业要求。

虽然很多人都明白个人利益影响公司利益这个道理，但是在具体的行动中并没有践行到底，或者并没有意识到自己已经损害了公司的利益。从产品价值链来看，销售是价值链的最后一环，而销售人员的主要任务，就是通过销售让产品和服务进一步增值，创造更大的利润。这就是说，不是卖出产品就万事大吉了，还要思考如何卖出更好的价钱，创造更高的利润，这样才算是代表公司的利益。比如说，很多销售人员对于销售价格不够敏感，认为卖价高出几个点或者低几个点是无所谓的事情。但是从某种角度看，卖出太低的价格其实就是对公司利益的损害。

举例来说，面对同样的市场环境和客户，销售员A和销售员B销售同样的产品，产品成本500元。结果，A卖出了1000元，创造了500元的利润；而B卖出了700元，创造了200元的利润。虽然两者都为公司卖出了产品，创造了利润，但是B却比A少创造了300元的利润。我们从结果看，本来可以卖1000元的产品，结果只卖了700元，是不是可以说你损害了公司300元的利润呢？这种理解问题的思路不是小题大做，我们可以算一笔账。比如很多高科技产品，它们的单价往往很高。假如卖价10万元，如果每个销售人员少卖5000元，全国100个销售人员就少创造50万的利润，这可是一笔可观的销售额。而且从长期看，卖价逐渐降低，利润逐渐下降，不利于公司长期稳定的发展，自然是对于公司利益的损害。

以上的情况尤其存在于销售对象为大客户的时候。一般来讲，大客户实力较为雄厚，有较大的采购量和采购潜力，所以会存在较强的话语权。当客户提出降价要求的时候，我们会给予一定的价格优惠。从长期合作的角度考虑，这是没有问题的。问题在于，很多销售人员一味地满足客户的降价要求，使公司利润一步步降低，这就有问题了。无论客户多么有实力，从商务合作的角度看，双方是平等的利益关系。这个时候，销售人员应该找准位置，从公司利益出发，认真判断是否有降价的必要，尽量减少价格下调的幅度和频率。

员工入职时，都会接受公司文化的培训，通过培训在销售人员的头脑中形成价值认可，这样才能在今后的销售工作中维护公司的品牌形象。例如，当客户对公司抱怨的时候，很多销售人员为了让客户满意，会随声附和不做辩驳。考虑客户感受虽然重要，但我们更应该从公司利益考虑，了解清楚客户的抱怨点，消除客户的抱怨，而不是点头哈腰甚至帮着客户说自己公司的不好。在这个时候坚守原则，维护公司形象，就是代表了公司的利益。

· 客户利益

著名相声演员郭德纲总说"观众是我们的衣食父母"。其实,对于销售人员来说,客户也是我们的衣食父母。客户给我们订单,购买我们的产品,帮助我们达成业绩,我们自然需要考虑客户的利益。客户的利益主要体现在两个方面:价格和服务。价格直接关系到客户的成本,服务则直接关系到产品价值的增值。所以,在维护客户利益时,价格和服务是我们考虑的重要因素。

在客户利益这块,举两个简单的例子。首先是价格,无论对于公司还是客户,价格一直都是比较敏感和关键的要素。

比如,你和某个客户一直有着长期的合作关系,该客户的设备售价为10万元,总成本8万元,利润2万元,其中你的产品在成本中占比最大。由于市场波动,客户设备售价降低到8万多元,接近目前的成本价。为了维持一定的利润空间,客户希望压缩成本,提出降价需求,这个时候你该如何处理呢?

如果我们单纯从公司利益考虑,客户利润减少是由于市场的原因,和我们产品无关,我们没有必要为客户承担压缩成本的责任。但是,如果从客户角度考虑,我们的产品所占的成本比例最大,如果我们能在价格上做让步,为客户带来较大的利润空间,缓解其市场压力,帮助其渡过难关,客户自然会心怀感激,双方合作关系进一步深化。当后面市场转好,客户设备销量增加,我们的产品销量势必增长,公司的利益自然也会上升。所以说,要从客户利益的角度考虑价格的合理性和降价的必要性。

在维护客户利益时,服务也是需要我们考虑的重要因素。对于客户来说,服务是产品的进一步增值,好的服务会给客户好的印象和评价,有利于公司口碑的建立。服务所涉及的方面非常广泛,贯穿于整个销售过程。以售前为例,很多产品的型号分类很多,需要根据客户的具体需求选择不同的型号。很多销售人员前期没有仔细倾听和判断客户的需求,造成选型偏差或者错误,影响了客户的使用。很明显，这是没有做好前期的选型服务造成的。如果再因此发生退货等情形，既会影响公司的利益，也会给客户留下不专业的印象，让客户认为我们服务不到位。

除了产品的服务，在和客户沟通交流中，态度也是很关键的服务要素。无论是和客户电话沟通还是面谈交流，销售人员如果始终保持一种谦虚、和气的态度对待客户，客户自然会乐意和你沟通。从公司角度看，这有利于业务的开展；从个人角度看，你和客户结下了良好的友谊。然而很多销售人员并没有意识到态度的重要性，对客户态度平平，有时甚至因为很小的事情就训斥客户，使双方关系紧张。这一点尤其发生在大公司的销售人员身上。由于产品优势明显，客户选择面狭窄，所以销售人员在交涉中总是咄咄逼人，显得很强势。这种因优越感而产生的强势会给客户留下不好的印象，进而无法和客户保持深层次的联系，会丢失很多潜在的机会。

·平衡点

以上我们分别讲述了销售过程中的公司利益和客户利益。其实，大家是一个利益共同体，最重要的是如何找到两者的利益平衡点，平衡好公司利益和客户利益。说到平衡，这真的是一个奇妙的东西，无论是自然界中的物理化学，还是社会中的人文经济，平衡无处不在。同样，在销售工作中，也存在着平衡。要学会从平衡的角度去思考问题，兼顾公司和客户的利益。像前面提到的价格问题，高价利于公司利润的上升，不利于客户成本的降低；而低价利于客户成本的降低，但是不利于公司利润的上升。所以，我们要找出二者的平衡点，平衡两者的利益。再者前面提到的服务问题，如何找出二者的平衡点，让公司和客户都满意，这都是值得我们仔细思考的地方。举例而言，在回款的环节中，有时会出现客户未按时付款的情况。从公司角度考虑，客户未按照约定时间付款，失信在先。而且回款时间过长会造成公司资金压力，不利于公司稳定，所以我们有充分的理由要求客户立即付款。但是客户方面，近期资金链紧张，的确在短期内无法支付款项，主观上并没有恶意拖欠款项。如果我们一直催促客户付款，一来会给客户造成较大的压力，二来不利于双方的互信。这时就需要我们思考如何寻找平衡点。比如我们可以让客户承诺一个最快的付款时间，这样既可以给客户留够资金准备时间，缓解压力，也可以给公司一颗定心丸，不用频繁催款。当然，平衡的方法不止一种，我们可以根据具体的项目背景去随机应变。

当各方的利益诉求都满足时，平衡点就达到了。但是，平衡点不等于中间点，每个销售项目的平衡点都可能是不一样的。比如 A 项目可能更偏向公司利益，B 项目则可能更偏向客户利益。要想把平衡点拿捏准确，需要不断提升销售技能，积累销售经验。在日常的销售工作中，销售人员跟进每一个项目时，头脑中要有寻找平衡点的意识，久而久之，就能形成良好的平衡感，平衡公司利益和客户利益。

维持价格,平衡利润与销量

随着市场越来越开放,投资机会也越来越多。一旦发现利润区,众多的投资者会一拥而入,抢食利润的"蛋糕"。所以,大部分行业里,都存在众多的竞争者。在销售活动中,我们经常会遇到这样一道选择题:是坚持高价以维持高利润,还是降低价格以占领更多的市场份额。当然,产品和市场不一样,所采用的价格策略也是迥异的。在此,我们以具有一定高附加值的工业产品为例,来说明维持高价的重要性。

比如,我们模拟一个最简单的销售市场,算个明白账。A产品成本1000元,售价3000元,利润2000元。市场上有甲、乙两家客户购买该产品,其中,甲公司的年购买量100个,乙公司的年购买量200个。我们每年可以赚取多少利润?很简单,$2000 \times (100+200) = 600000$(元),也就是说,如果维持目前的售价不变,我们每年可以赚取60万元的利润。在合作中,甲客户提出了降价,要求单价下调500元,这样我们的利润将会减少$500 \times 100 = 50000$(元)。信息是流动的,如果乙客户得知了甲客户的价格更便宜,同样也会提出降价500元的要求,这样我们的利润又会减少$500 \times 200 = 100000$(元),最后总共减少了15万的利润收入,相比之前,利润下降了25%。

上面是一个很简单的例子,通过上面的例子我们可以发现什么?一是即使单品降价不多,但如果产品销售量很大,也会出现大量的利润下滑;二是价格具有"木桶原理"的特性。如果给其中一家客户降价,随着信息的流通,其他客户得知后也会提出降价要求。

对于销售人员来说，他们的关注点是业绩，只要短期内业绩提升，他们就不会那么关注长期的品牌价值和利润。如果降价能够增加业绩，销售人员就有很强的动力去降价。但对于公司而言，需要长久的维持高价，保持高利润，才能经久不衰。于是，两股力量出现了：一边是销售人员通过降价获取高业绩的动力；一边是公司通过维持价格获取高利润的动力。那么，为了平衡好两股力量，我们需要找到一个平衡点，兼顾两者。对于降价问题，我们可以提供一个可供参考的思路：首先，公司要培训销售人员头脑中建立不降价的意识，尽量维持住价格；如果外界因素导致一定要降价，销售人员可以及时申请提出，但是公司要把控降价幅度、降价频率和最终的价格底线。

如何理解这个价格思路呢？首先，销售人员要建立起不降价的意识。意识有了后，在实际的销售活动中，灵活使用各种营业技巧，让客户理解和信服你不降价的理由。但是，市场总是在变化，总会存在引起降价的外界因素：比如竞争对手价格比你低，一旦介入会蚕食较大的市场份额；比如客户本次预算实在不足，如果价格不降低该项目会停滞；再比如客户接到大单，采购量激增，提出降价要求等等。这时，公司就要掌控降价的节奏，包括降价幅度、频率和最终价格等等。总之，销售人员和公司，两手都要抓。

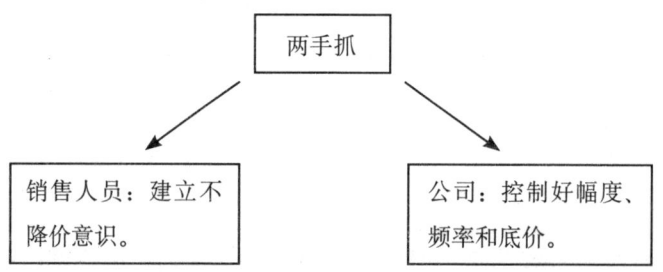

如果公司控制不好降价节奏，就会导致市场价格混乱，长此以往，难免会损害品牌形象。

举例而言，某工业产品具有较高的品牌形象和科技含量，所以售价和利润都比较高。产品市场售价为8000元/个，而成本只有1000元/个，利润高达7000元/个。其中，某客户的月均采购量为10个，但由于中标大单，月均采购量激增到100个，客户要求降价，否则将会考虑其他品牌。销售人员为了抢夺客户，同意降价，并且给出了3000元/个的低价，利润瞬时压缩到2000元/个。该客户的产品被销售到了其他不同的区域，由于价格信息流通，很多使用该产品的公司纷纷提出降价，无奈之下，市场价格由原来的8000元/个降为4000元/个，利润被压缩了一半。

在上述案例中，销售的出发点是好的，是希望能够挤出竞争对手，维持公司的市场份额。但问题在于公司没有掌控好降价的节奏：一是一次性降价幅度太大，客户认为价格水分太高，发现自己原来被"薅了这么久的羊毛"。也许降价之后，客户表面上很是高兴，非常感谢你的配合，但是心里会犯嘀咕：你们公司的其他产品是不是一样存在较高的价格水分？这势必会影响公司后续的业务开展；二是公司没有掌握好价格底线，严重拉低了产品利润。在短期内好像是拿到了大单，总体利润额上升，但是从长期来看，总体的利润却是下降的。

无论从微观层面的产品，还是从宏观层面的市场而言，维持价格都是很关键的。那么，从销售层面来讲，如何去维持价格呢？方法有很多，在这里，我们提供六字核心思路：增内功，御外敌。

所谓"增内功"，就是增加产品的附加价值，提高产品的竞争力。对于销售人员，要想办法为客户提供最好的服务，让客户感觉他不仅仅购买了你的产品，还购买了你的优质服务，并且愿意为这部分服务支付更高的购买费用。比如说，为了保持和客户的联系和沟通，我们可以制作一个"近期客户联络表"，列举出近3个月实地拜访过的客户，然后根据表格，一一电话联络沟通，询问产品的使用状况或者新的棘手问题。一旦客户反馈出问题点，第一时间协助客户解决。这样做，一是能够保持良好的客户关系，二是能让客户感觉自己很被重视，认可你的服务，那么，客户自然很乐意为此多支付一些费用。当然，方法不一而足，但是原则就要让客户"舒服"。

除了"增内功"，我们还要"御外敌"。就是要实时关注市场和项目动态，警惕竞争对手的进入，因为一旦竞争对手介入，会很容易搅动市场价格。对于"御外敌"的方法，我们可以分两个阶段进行：竞争对手尚未介入阶段和已经介入阶段。如果竞争对手尚未介入，在这个阶段，销售人员的主要工作，就是高效的服务，为客户最快地解决问题，不给竞争对手留下切入的机会。像上一段讲到的，这需要我们不断地"增内功"。但是，一旦竞争对手介入，仅仅自己埋头"增内功"是不够的，正所谓"知己知彼，百战不殆"。这个时候，销售人员就要学会进行有效的差异化对比，让客户了解到，针对一个具体的项目，你提供的是最优化的方案。要做到这一点，就需要在平日的工作中，多去了解和熟悉不同品牌产品的优点和缺点，多去做一些"产品参数对比表"，用性能数据去征服客户。

讲述了这么多，目的就是希望我们的市场价格能够保持一个平稳的状态，不要出现大起大落。争取不降价是原则，如果必须要降价，一定要考虑清楚降价的必要性，权衡好得失。

设定报价参考点

销售不是一个单纯的买和卖的过程，在销售的过程中，需要双方不断地谈判磋商，最终达成交易。其中，最为重要的环节之一便是价格的谈判。在谈判过程中，很多经验不足的销售人员被问到了价格问题，往往拿捏不准，报价吞吞吐吐；要不就是拖泥带水，很久才能回复客户价格，造成客户不满。销售人员的心理活动我们可以理解：他们担心本来可以卖出的高价结果卖低了，造成利润的减少；而为了高利润报出了高价又担心丢掉订单。这种矛盾的心理状态显然不利于销售人员的理性思考，不利于做出合理的报价。

其实，任何事情都是有方法的，很多事情只要能够抓住关键的点，并由此做出判断，事情就能够迎刃而解，价格也不例外。在此，我们列举在实际的销售过程中，最为重要的六个价格"支撑点"。大家在后续的报价过程中，可以参考这几个关键点，梳理清楚思路，报出合理的价格。这六个关键点分别是：厂商指导价、行业价格、客户购买量、竞争对手价格、预算、未来使用潜力。

· **厂商指导价**

这是指出厂时的厂商定价。作为产品的生产商，厂商在定价时就已经综合考虑了自己的制造成本、利润和市场状况。厂商的定价还可以为不同区域的销售做一个价格参考，所以有一定的指导意义。

· **行业价格**

是指某产品在同一行业的平均销售价格。很多产品面向的行业不止一种，尤其是那些具有通用性的产品。比如，很多光学类的传感器，既可以用在手机行业，也可以用在汽车甚至航空行业。由于不同行业的使用量、市场潜力等市场状况不同，所以很多情况下，同一产品在不同行业的销售价格也是不一样的。举个例子，传感器在手机行业的用量大，定价500元/个，而航空业则用得少，定价1000元/个。虽然行业价格差别较大，但是毕竟"隔行如隔山"，同一产品在不同行业的价格还是比较难互通的。所以，当你碰到同一产品在不同行业价格差异较大时，不用过于担心，因为客户知晓的可能性是很小的。但是，如果是同一行业的不同客户，如果价格差异过大，再加上同一行业的信息流速远比不同行业的信息流速更快，会让客户失去对你的信任感，从而影响后续合作。所以，在报价时，一定要清楚行业的平均价格大概是多少，在平均价格的基础上上下浮动。

- **客户购买量**

大家在购买东西时，都存在这样一种潜意识——量多优惠。很多采购人员询价时，经常会问："你们一个多少钱？我这次买的多，能给多少钱。"同样，供应商可以薄利多销，在保证购买量的情况下，给予适当的降价优惠，能获取更多的利润。所以，购买量也是很重要的报价参考点。

比如，客户购买一台显微镜，你报价10万人民币。后续客户扩产，需要一次性购买5台。这时，如果你分文不让，报价50万给客户，客户肯定会不满地找你砍价，质询你为什么没有任何优惠。既然我们已经知道客户有这种心理预期，不如提前给客户点"甜头"，先满足客户的这种预期，做出合理的让步，让客户感觉爽快。比如你先报价49万，不管降价幅度怎么样，客户会感觉你在协助他们降低采购成本。如果客户觉得降价幅度不够，双方可以进一步商讨。由于不同行业的情况不同，所以，即使在有采购量的情况下，报价也要参照具体情况量力而行。但是，无论怎么报价，都要以行业价格为参考，不宜差异过大。或者可以做一个阶梯价格：10台多少钱，20台多少钱，50台多少钱……

- 竞争对手价格

现在各行业的竞争都越来越激烈,产品的同质度也越来越高,很多情况下,大家为了争夺市场份额,都在"拼价格"。正所谓"知己知彼,百战不殆",报价前知晓客户是否引入了竞争对手以及其价格是很重要的。如果产品差异不大,都可以满足客户的要求,你认为客户会采购哪家的产品?客户更倾向于成本更低的。所以,如果你一定要拿下某个项目,竞争对手的报价是非常具有参考意义的。我们可以在竞争对手的价格上做浮动调整。客户当然乐意看到更低的价格,但是,如果产品的确有些许优势,为了更高的利润,可以适当地比竞争对手的价格更高,前提是,一定要有充分的理由让客户认为高出来的价格是"值得的"。如果报价前你不了解竞争对手的价格,有可能报价过高而错失项目,被竞争对手拿去,造成不必要的损失。

- 预算

客户在做项目或者评估方案时,往往都有预算要求。如果报价过高或和预算差距过大,客户有可能会更改方案或者延期项目,导致项目中断。所以,报价前了解客户的预算也是很关键的一步。比如,某客户有个车间自动化改善项目,改善预算10万元。由于你初期没有确认客户的预算,报价20万元,远超客户预期,客户很可能再次审慎地评估项目的可行性。这个时候,如果客户透了底儿,告诉你预算只有10万,那即使你再降价也很难贴近客户的预算。如果你为了接近客户的预算而降价太多,客户就会认为你的初期报价有问题,价格水分太高,对你会失去信任感。所以,为了保证项目的顺利实施,以及为后续的降价留有余地,前期一定确认好客户的预算。当然,如果客户对于产品价格没有明确的概念,不了解行情,并没有做预算计划,那么这个时候,预算也许就不是报价的参考对象了。

- 未来使用潜力

像前面提到的采购量,是我们报价的重要参考点。如果客户首次购买量不多，比如只有一台，好像没有报低价的必要。但是，我们了解到客户一旦第一台使用感良好，后面就会大规模地采购。考虑到未来的使用潜力，我们也可以酌情报价。举个例子，客户做锂电池行业的设备，需要检测电池厚度。由于是第一次做，需要先做一台样机测试。我们确认到客户的预期成本5000元，而我们产品的单台价格市场价要在1万元。如果这个时候，我们按照市场价1万元报价过去，客户可能无法接受，会想办法找其他的解决方案。考虑到客户的成本预期和未来潜力，比如我们报价6000元，尽管超出预算，但是超出不多，我们可以告知客户如果后续设备推广开来，购买量增加，可以考虑进一步调价，这样的话，客户认为和他们的预算基本接近，才能更容易接受你的报价。做销售一定要"放长线，钓大鱼"，不要只盯着眼前的蝇头小利，要以合作的心态和长远的眼光去看待客户和项目，这样才能"经营未来"。

掌握上述六个价格关键点，对于产品的报价是大有裨益的。为了更直观地掌握每个项目的关键点，我们可以自己制作一个"项目报价管理表"，方便自己去完善报价，举例如下：

	项目1	项目2	项目3
厂商指导价	10000		
行业价格	8000		
购买量	100个/年		
竞争对手价格	5000		
预算	6000		
未来使用潜力	500个		
综合价格评估			

报价看起来是一个简单的价格数字，但一个合理的报价，背后需要考虑的东西有很多。我们本文提到的六个"支撑点"，并不是分割独立的，而是相互联系的。在报价时，要综合考虑以上六点，综合评估，合理取舍，慢慢积累报价的经验，不断提升自己的业务水平。

形成"投入产出"的思考方式

当客户决定去做一个项目时,一定会去评估项目的必要性,简单讲,就是这个项目"值不值得"去做。同样,对于销售人员而言,确定好客户项目的必要性也是很关键的,因为这直接关系到项目是否会顺利进行下去。比如说,如果客户项目的必要性不强,说明客户的需求没有那么强烈,那么在推进项目的过程中,客户随时可能中止项目的进行。我们花费了很多精力去跟进项目,结果前功尽弃,还不如把时间用在更有前景的项目上。因此,在项目初期,判断客户项目的必要性就是很关键的一步。那么,该如何做出有效的判断呢?在这里,我们介绍一种通用性很强的思考方式——投入产出比:客户项目投入这些成本,如果产出大于成本,那么客户就会有改善意愿,产出越大,改善意愿越强烈;产出越小,改善意愿越微弱。

在实际的销售工作中,这是一种实用且有效的评估项目必要性的方法。这种方法看似简单,但其经济理论基础是很坚实的。假设在市场中的人们都是理性的,市场经济中每个人都属于"经济人"。当项目的收益大于成本时,利润会驱动人们从事该项目。利润越大,从事项目的动力越大;利润越小,从事项目的动力越弱。就像著名经济学家格里高利·曼昆提出的"十大经济学原理"之一:人们会对激励做出反应,人们通过比较成本与利益做出决策,所以,当成本或利益变动时,人们的行动也会改变。

项目的投入即项目的成本,成本可以分为显性成本和隐性成本。比如原材料的采购、人员的工资等就是显性成本,而项目的开发周期、人员的流动等则是隐性成本。在实际的销售营业中,提到投入,一般都是指显性成本。简单讲,就是这个项目要花多少钱。

产出即是收益，收益也可以分为显性收益和隐性收益，比如直接的账面收益就是显性收益，而对公司品牌美誉度的提高则是隐性收益。一般来讲，提到产出，主要指直接的资金收入。

在实际的营业过程中，我们可以运用销售技巧引导客户思考项目产出的隐性收益，让客户意识到综合收益的提升，从而更有动力去保证项目的顺利进行。

在此，我们通过两个运用投入产出比思考方式的销售实例，来看一下这种方式的"神奇效果"。

某公司主要面向欧洲客户生产汽车配件，品质要求较高，所有产品需要做出货检测。而目前主要以人工检测为主，公司为了替代人工，提升检测的装备水平，希望能引入自动化设备，客户找到了你，希望做项目评估。项目来了，这个时候，我们该如何使用投入产出的思考方式呢？在项目沟通中，你了解到，客户每天生产1000个产品，人工8小时工作制，平均每人每天能检测100个，总共雇用了10名工人做品质检测。每名工人的工资为2000元/月，那么检测这项的人工投入为 $2000 \times 10 = 20000$（元），即24万元/年的人工检测成本。运用投入产出的思考方式，我们判断，如果通过引入自动化检测设备，使每年的检测成本低于每年24万元，客户就有动力去做这部分改善。有了这些思考结果后，我们可以给客户算笔账，引入我们的设备后，每台机器每天可以检测1000个产品，相当于10个工人的检测速度，效率提升了10倍，可以直接替代目前的人工。设备的售价为100万元，使用寿命为10年，平均每年的成本不过10万元，而人工成本为每年24万元。所以，从显性收益来计算，每年将会节省14万元的人工检测费用，很明显，这个投入产出是很"值"的。另外，从隐性收益考虑，引入设备后，不会存在人工疲劳出错的问题，提升检测良率，同时，提升生产过程的自动化水平，增加欧洲客户对公司实力的认可，后续有机会接到更多的订单……

所以，从客户的角度看，项目的收益远远大于成本，就会有强烈的意愿去实施该项目。有了上述结论，我们判断这是一个一定会进行下去的项目，只要跟紧项目，努力就不会白费，订单到手不是大问题。

我们再列举一个简单的例子，某玻璃生产商目前的产量为 1 万片 / 月，生产良率为 95%，即每月会有 500 片的不良品报废，造成很大的成本浪费。因此，客户希望引入你的设备，提高生产良率。通过进一步沟通，我们了解到，每片玻璃的成本为 100 元，这样来算，每月会有 500×100 = 50000（元）的直接经济损失。我们判断，如果通过引入设备，提升生产良率，降低废品的成本浪费，客户就会有较强的改善意愿。经过计算后，我们和客户沟通，通过引入我们的设备，生产良率可以提升至 98%，提升 3% 的合格率，即每月减少 300 片的不良品。这样来看的话，通过引入设备提升良率，每月可以降低 300×100 = 30000（元）的成本，每年节省 36 万元。设备的售价为 100 万元，使用寿命 10 年，平均每年的设备成本为 10 万元，每年可以为公司节省 26 万元的成本。对于客户来讲，这是一笔可观的利润。该项目的实施必要性很强烈，只要我们做好对应，拿单不是问题。

上述两个示例中，我们都通过简单的数据计算，量化了投入和产出，为客户的决策提供了简单而有力的依据。其实，"投入产出"这种思维方式的本质源于人们天生的基本逻辑——对比。在对比和比较中，选择更有利于自己的一面。不仅仅是在销售领域，当我们自己日常消费时，也会不自觉地使用"投入产出"这种思考方式。比如我们花很多钱购买一个高端耳机，它到底能为我带来多大的音乐品质的提升；我们该如何挑选"性价比"更高的手机话费套餐……不论是个人，还是公司，在市场经济中，大部分经济决策都要经过这种"投入产出"的评估。对于一名销售人员而言，掌握好这种思考方式，有利于看清楚项目背后的"决策过程"，猜透客户的"权衡取舍"，在跟进项目的时候才会更有"方向感"。

销售要靠智慧

人们一提到销售这份工作,首先想到的是销售人员口才不错、能言善辩,有的还油嘴滑舌。他们认为销售人员推销东西,来回就靠一张嘴。局外人有这样的观点可以理解,因为他们作为被销售的对象,和销售人员的沟通就是从"嘴巴"开始的。销售人员通过语言描述去给客户推销产品,靠的的确是"嘴",所以就给大部分人留下了"靠嘴吃饭"的印象。局外人没有从事过具体的销售工作,看不清销售的本质也就罢了。但是,连一些长年奋斗在市场一线的销售人员也认为自己卖东西靠的就是"嘴",这就有问题了。难道你自认为学习了很多语言话术和沟通技巧,就能百战不殆,轻松拿单吗?难道你的"嘴"真的那么厉害吗?销售的背后,到底有哪些本质的东西?

不可否认,口才对于销售人员的确很重要,但是在现实的市场环境中,想单纯靠一张嘴就把客户"镇住",几乎是不可能的事情。那么问题来了,既然销售人员推销东西不靠"嘴",那靠什么呢?答案很简单——靠的是脑子!

请记住一句话:真正决定产品能否卖出的,脑子起到决定性作用,嘴起到关键性作用。

我们说销售产品靠的是"脑子",主要是体现在两个方面:第一个方面,通过脑子去思考自己的产品定位,把握方向,找准目标客户;第二个方面,通过脑子去想办法引导客户的思路,获取客户的信任,最终卖出产品。

先说第一个方面,当你决定去销售某个产品时,不要匆忙地拿起电话推销或者登门拜访,这些盲目的行动会极大地降低工作效率。你首先要做的是静下心来,分析一下自己的客户究竟在什么地方,自己应该朝哪些客户群体使劲。把握准方向,就能找到销售捷径,事半功倍。曾经有一个销售人员,非常勤奋努力，每天的电话量和拜访量都非常多，但是销售业绩一直上不去。通过和他交流分析，我们发现他在销售过程中完全没有"目标客户"的意识，遇见客户就上前介绍，前期根本没有做好调研工作。找到问题后，他通过分析、定位目标客户群，加上之前一贯的努力，销售业绩有了很大的起色。"要想跑得快，先要制定好跑步的路线"。所以，销售的大方向一定要准确，目标客户群一定要明确，而这些不是靠"嘴"就能发现的，这需要通过你的脑子去深入地整理和思考。

搞清楚了销售的方向，我们再来看第二个方面。在具体的电话或者拜访活动中，我们先要用脑子想清楚引导客户的方法，然后再借助嘴巴这个工具去具体实施。在实际的电话和拜访工作中，我们要学会察言观色，结合客户的特点去引导客户的思路，而这，都需要你的大脑不停地思考对策和随机应变。我曾经和一些经验丰富的销售人员拜访客户。几十分钟的拜访下来，他们也没有说很多话，但是，他们总能在关键的"交流点位"，抛出能够决定谈论方向的说辞，扭转谈论的方向，引导客户朝着对销售有利的方向去思考。我请教他们的经验，他们说，要把焦点放在客户身上，而不是自己的产品身上，要引导客户说出他们碰到的难点，然后我们再去介绍我们的产品能够在哪些方面帮助到他，让客户意识到产品的好处……中国太极讲究"吐纳"之功。同样，在实际的销售活动中，也要控制好"吐纳"的时机，而背后控制这一切的，就是你的脑子。

我们在这里花很多笔墨去比较"脑子"和"嘴"的高低，目的是希望大家能够真正从心里形成一种观念：销售靠的是脑子，是智慧，而不是靠耍小聪明和嘴皮子。只有深刻地认识到这一点，你才能在每天的营业活动中，时时刻刻去动用脑子去思考对策，而不是不假思索地用嘴巴脱口而出。相信通过不断地用脑，不断地思考，你积累的各种销售情境会越来越多，这对下一步的销售会更为有利。

解决问题需反复思考

在实际的销售工作中，会碰到各种各样的项目，所以会遇到各种各样的问题，任何问题都没有标准答案。既然没有标准答案可以参考，为了完美地解决实际项目中遇到的难题，我们就需要掌握解决问题的方法。这个方法说起来很简单，就是四个字——反复思考。

首先，大家要清楚，为什么要反复思考？项目的决定因素和干扰因素有很多，它们都有可能会影响到整个项目的走向。简单的一次思考往往会有所疏漏，为了尽可能地考虑更多的因素，我们需要反复去思考，围绕项目本身去想还有哪些可能性因素，还有哪些看不见的变量等等。在现实社会中，市场包罗万象，在解决某个市场问题或者社会问题时，一定要拒绝单一的思考方式，尽可能多地去考虑相关因素，逐渐培养全面思考的思维习惯。

其次，了解了反复思考的重要性，我们要将反复思考落实到具体的销售习惯中。如果从时间轴的角度考虑，反复思考包含了两个过程：一是在某一时间区间内重复思考某一问题；二是在另一时间区间内反复思考某一问题。这句话怎么理解呢？简单来讲，就是当我们碰到问题后，除了当时去反复思考问题外，隔一段时间，我们还要回过头来继续思考同样的问题，期望能够发现新的解决路径。为什么要这么做呢，因为思考问题的主体毕竟是人，而人在不同时间段的心情、精神、精力等都是存在区别的，所以，即使是同一个问题，在不同时间段内做出判断，很可能得出的答案也是不一样的。为了避免这种人为的影响因素，更加趋近完美地解决问题，我们需要在不同的时间段内思考同一个项目中遇到的问题，努力给出最佳答案。

列举一个实际的例子。销售人员正在跟进一个项目,经过反复的技术评估,双方认为可行性没有问题,于是进入到项目的议价阶段。由于价格较高,双方一直僵持不下,没有任何进展。直到有一天,销售人员在拜访时发现客户已经通过其他渠道低价购买了产品,而客户并没有提前说明。这时,他心情低落,想到(第一次思考):客户既然都已经购买了,项目也算是做完了,再去争辩意义不大,就这样吧,以后这个客户就不做了。想完,就去忙其他项目去了。过了一段时间,销售人员在思考让哪些失败的项目"起死回生"时,又重新思考了这个项目(第二次思考):该项目没有和客户沟通好价格,自己也有责任,客户还是要做的,毕竟客户手中有项目。有了这个方向,销售人员决定登门拜访。拜访前,他想(第三次思考):该项目会重新做,一是对应好价格,二是摸清楚客户的渠道,对比渠道的优劣性,让他在其他项目中直接联系我的渠道。想罢,销售人员开始了"破冰之旅",重新攻略下了这个客户。

从上面的举例中,我们不难看出,一个人在不同时间段内,对同一个问题的确会做出不同的决策,而且有时差异很大。第一次的思考很情绪化,很"任性"地丢下了客户;第二次开始回归理性思考,并做自我反省;到了第三次思考,开始考虑采取主动措施,再次拿下客户。正是由于反复的思考,才能搞清楚问题的本质,才能更完美地解决问题。因此,反复思考对于一个销售人员而言,是很重要的销售方法。

那么,在日常工作中,我们怎么把"反复思考"这个动作落实到具体的销售活动中呢?这个要因人而异,不同的销售人员有着自己的思考方式。不过,在此我们可以列举个不错的方法,供大家参考。比如,第二天清晨上班后,头脑很清醒,我们可以把前一天已经处理过的事情再"过滤"一遍,考虑是否还需要采取一些销售动作。对于销售而言,很多情况下,经常与客户电话联络,我们可以每天做一个电话列表,记录一下关键的问题和信息,这样第二天清晨的时候，我们就可以照着表格依次梳理，反复思考了。很多销售人员尝试这样做过，效果很好，而且效率很高。

有个成语叫作"好事多磨"，如果我们希望能够在销售工作中得到"好事"，真的有必要"多琢磨琢磨"。功夫不负有心人。只要能够反复思考，一定会得到好的结果。

第二章

高效行动,快速拿下订单

更高的效率才能有更高的产出价值。随着事物的复杂度越来越高,碎片化越来越严重,高效是击破一切的关键。当销售人员能够长久地保持高效的工作时,就能越来越抓住项目的核心。

快速回复，主动出击

不同种类的工作会有不同的工作特点。比如说，研发类的工作在前期研发阶段会比较忙碌，新产品上线后会相对轻松一些；再比如维修类的工作，当设备运转良好时比较清闲，当设备出现故障时就会非常忙碌。那么，销售类型的工作有什么特点呢？一般而言，销售类工作的最大的特点就是：一直很忙碌，从来没有尽头。原因在于公司需要通过不断的产品销售取得利润，来维持公司的日常运转。高高的销售目标被分配到每个月，好不容易完成一个月的目标，接踵而至的是下一个月的目标，往复循环，从不中断，没有太多喘息的时间。

面对这么高的业绩目标，销售人员靠的是一个个具体的项目、一张张客户的订单，不断地叠加累积，支撑起每月每年的销售业绩。要知道，每一个项目，从开始介入，到完成销售，要经过很多烦琐的环节。比如，一个相对完整的"销售环节链"如下：技术要求、背景了解—产品型号选型—客户确认—采购议价、货期—高层审核—客户订单—售后。上述只是一个销售流程概括，如果从实际的销售工作展开，每一个环节又可以分为很多小环节，就拿第一个环节来说，技术要求、背景了解中可能包括技术参数确认—客户讨论—样机试用—试用技术支持—试用问题反馈—型号再选择—竞争对手确认等等。销售人员的手中不可能只有一个项目在跟进，一般都会同时跟进多个项目，不同项目的进展速度也不一样。所以，对于一个业务繁忙的销售人员来说，每天都要处理非常多的事务，大脑要不停地在不同的项目间切换。很多销售人员会感觉每天都有忙不完的事情，精神一直处在紧张状态。而且事情一旦多，就容易丢三落四，不是忘了处理客户的事务，就是由于忙碌而造成工作出错，造成不必要的损失。面对这种状况，我们有什么改善的方法吗？如何才能既解决客户问题，让客户满意，又能让自己控制好工作节奏，做到松弛有度呢？

面对繁杂的事务，最核心的解决之道是提高效率，具体的实施策略也很简单，可以概括为两点：快速回复和主动跟进。

· 快速回复

对于客户的事情要做到快速回复。具体到实际工作中，就是当你接到客户的电话或者邮件，或者是自己公司内部的联络时，尽自己所能，给予最快回复。为什么要这样做呢，原因主要有两点：首先，快速回复可以给客户高效的印象，客户会认为你很重视他，对应及时；其次，快速回复可以加快项目的进展。就像前面提到的，每个项目都有自己的进度，当客户在某个进度环节出现了问题，电话过来找到你时，如果你能快速回复其解决方法，客户就能够根据你的回复进一步推进项目往下走。而如果无法快速回复，拖延时间太久，问题迟迟不能解决，项目就卡顿在这个环节，无法继续进行下去。如果手头上有多个项目同步在做，几个客户同时找到你，每个客户都有自己不同的问题，如若不能快速回复解决，积累的问题会越来越多，到后面就会很被动。

模拟一个简单的场景，你手头上同时有A、B、C三个不同的项目在做，A在型号选型阶段，B在报价阶段，C在验收阶段。三个项目的客户都找到你，提出了自己的问题。A认为型号选择不对，需要进一步明确；B认为价格过高，需要进一步商讨；C对于验收结果不满意，需要进一步协商。

我们依此模拟两种场景，一种是回复速度慢，一种是快速回复。

先说回复速度慢的情况。如果这个时候A提到型号问题时，你不以为然，认为当初的选型是正确的，没有更换必要，你和客户产生争执，最后不欢而散，

A项目就停滞在了初步选型阶段；当B认为价格过高时，你开始猜测什么样的价格是合理的，一直在心里来回思考，也没有及时地回复客户，客户就一直在等待报价，无法推进项目进行下去；C提出验收结果不好，但是对你来讲，产品已经卖掉，业绩已经产生，所以懒得去搭理客户，由于对应不及时，客户也就暂时没有支付尾款。三个项目都出现了问题，进展停滞。一直到客户比较着急，再三催促你，你才手忙脚乱地去对应。你看，三个事情都积攒到了一块儿，是不是显得很被动呢？

　　如果我们能够快速对应，会不会有明显的不同呢？对于A，我们迅速回复"请您提出型号不对的理由，方便我们分析确认"，客户提出理由后双方进一步商讨型号的问题；对于B，我们迅速回复"如果您认为价格过高，那从你们的成本考虑，怎样的价位是合理的呢"，客户可能会提出一个参考价位，我们再依此进一步议价；对于C，我们迅速回复"请问您的验收标准是怎样的呢"，待客户回复验收标准后，我们再根据标准去确认验收的结果。总之，由于你的快速回复，每一个项目都在逐步往下走。如果你的销售思路足够清晰，销售技巧足够灵活，这样的回复其实并不需要花费你太多的时间，也许电话里的一句话，就能推进项目进一步往下走，加快项目的进展。所以，快速回复是提高效率最重要的手段之一。

·主动跟进

　　由于你的快速回复，客户都在根据你的回复进一步去推进项目。在客户产生新的问题前，不会过多地联络你，所以工作的紧张程度会放缓。在这个工作时间内，是不是我们就可以扔下电脑和手机，好好睡一觉呢？对于一名优秀的销售人员而言，不是盲目的放松，而是主动出击，主动跟进，提前想到客户的需求，在客户提出问题前就把问题解决掉！这样不但加快了项目的进展速度，还减少了后续的繁杂事务，将部分事情"前移"，减轻了后续的工作压力。比如，在上述的例子中，C项目在验收之前，你提前电话给负责验收的人员，明确好验收的条件，验收的操作方式等细节。那么，当他严格按照双方商定的验收方法验证时，也许就不会出现验收效果不好的问题，也就不会有后续很多麻烦的事情。通过主动跟进，在快速回复前就解决了客户问题，工作效率自然很高。主动跟进是一种意识，也是一种习惯，实际工作中，我们要经常自问一下：还有哪些问题没有解决或者哪些项目即将碰到问题。通过这种自问的方法，就能够及时发现问题，并且培养主动跟进的习惯。

销售面向的最终对象还是人，人作为一种高级生物，有一个聪明而复杂的大脑，总会提出很多杂七杂八的问题，旧的问题解决了，新的问题又会冒出来。所以，一个销售人员不断拿单的过程，也是一个不断解决问题的过程。要想在繁杂的事务中保持平稳的工作节奏和良好的工作心情，需要你不断地积累销售经验，快速解决问题，主动跟进项目，提高工作效率。

培养积极解决问题的意识

在日常的工作中,我们总是能碰到各种各样的问题,有些问题比较简单,有些问题则比较棘手。对于常规性的相对简单的问题,基于之前的解决经验,我们可以沿用以前的方法把问题解决掉。但如果是从来没有碰到过的问题,没有现成的方法可以参考,这个时候就需要思考新的解决方法。对于棘手问题,我们要树立积极解决的意识,保持镇定,从分析问题入手,迅速进入解决问题的状态。

销售本身就不是一种常规性和重复性的工作,每一个项目都会面向不同的客户,不同的客户有不同的要求,而且各个公司风格迥异,所以,经常会出现一些棘手的问题。很多销售人员业务经验不足,显得束手无策。很多销售人员故意拖延解决问题的时间,不但解决不了问题,久而久之,还会养成逃避问题的习惯,不利于后续的成长。还有的销售人员,讨厌新的问题,一旦碰到新的问题,急躁的情绪迅速上升,理性思维被不良情绪占据,无法集中精力去思考解决问题的方法。更有甚者,直接将这种不良情绪传递和发泄给客户,不利于客户关系的维护和后续业务的展开。

有句话叫作"条条大路通罗马",在这个世界上,有问题,就一定会存在解决问题的方法,而且一定存在解决问题的最佳方法。正所谓先有意识,后有行动,首先头脑中要时时有解决问题的意识,相信自己能想出最好的解决方法,继而才会有具体的行动去执行最好的方法。为了培养这种积极解决问题的意识,我们可以给大家提供一种方便实用的小方法:在实际的营销活动中,每当遇见问题时,我们可以自问一句:"用什么方法才能快速完美地把问题解决掉?"

举个实际的例子，客户有个紧急的项目，要购买你们公司的产品，前期通过短暂沟通，双方选定了型号，客户下单购买。当产品到货后，客户发现选型出现问题，目前采购的型号无法使用，提出退货的要求。但是你们公司规定，一旦在工作中出现退货，就会影响个人评估和奖金绩效，所以一般情况下，你是不愿意退货的。问题就摆在面前：客户要求退换货，而你不愿意退货，该怎么办？

任何棘手问题最终一定是用理性来解决的，这个时候，销售人员要扪心自问："用什么方法才能快速完美地把问题解决掉呢？"解决问题的意识有了，下一步就开始分析问题。客户的真正诉求点是什么？难道真的是退货吗？不是的，退货只是最表象的东西，客户的真正诉求点是希望能使用你们公司的产品解决他们的问题，同时减少选型错误造成的损失。通过分析，我们掌握了客户本质的需求，那么，下一步就要思考，满足这个诉求点的方法是什么？很简单，就是抓紧时间把正确的型号产品发货给客户。客户的诉求满足了，还有销售人员的诉求点。那销售人员的诉求点是什么？是不希望客户退货而影响到个人利益。到此，我们明确了双方的诉求点。下一步，就开始考虑，有没有方法可以同时满足两个诉求点：既可以让客户用上新型号的产品，又防止客户的退货。我们列举一个解决的方法，比如你可以告诉客户，新型号产品的价格很高，客户可以退回原来的型号，但是购买新型号的价格只能够按照现在的市场高价采购。如果客户不退货，你可以想办法将新型号申请很大的折扣，弥补选型错误带来的损失。而且已经购买的型号还可以作为库存，以便后面有新的项目时会使用到。通过上述的方法，可以同时满足双方的诉求点，问题迎刃而解。

上面只是一个简单的例子，在现实的工作中，很多问题要复杂得多，需要考虑的因素也会更多。当我们碰到问题时，要保持冷静的头脑，动用理性的思维，分析其中的利弊，迅速进入解决问题的状态。其实，能不能解决问题，很多时候不在于你的职位多高，经验多丰富，关键在于你解决问题的意愿是否强烈，头脑中是否有积极解决问题的意识。碰到问题，不要再退缩和逃避，充分发挥自己的主观能动性，迅速将问题干掉，这才是一个积极向上的销售人员应该有的状态。

成败的关键——专业性

当我们在拜访客户的时候,有时客户会说,"你们很专业",这是客户对你工作极大的肯定和认可。对于一名优秀的销售人员来讲,无论任何产品,在销售的过程中都要展现出自己的专业性,充分卖出产品的价值,同时给客户留下专业的印象。尤其在一些科技含量较高的行业,比如工业控制、精密仪器、高端装备等,它们的科技门槛相对较高,需要销售人员对于产品有深入的了解,对于行业有深刻的认识。这时,销售的专业性便显得尤为重要。

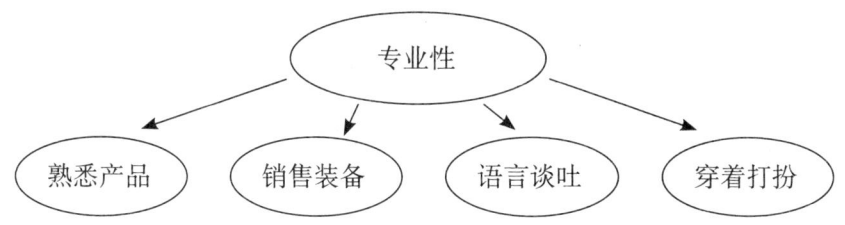

那该如何表现出自己的专业性呢?总结起来,以下四点可以协助我们给客户留下专业的印象。

• **熟悉自己的产品,高效协助客户解决问题**

这一点是最直接、最重要、最核心的得到客户认可的方法。客户之所以找到你,是希望你能帮他解决目前遇到的问题,这就是他的根本诉求。一旦你帮其解决问题,就满足了他的诉求,他自然会认可你的工作。如果每次找到你,你都能提供合适的解决方案,潜移默化之中,客户就会认为你在这个领域很专业,没有解决不了的问题。每当遇到问题时,客户的头脑中首先想到的就是你。

当客户找到了你，希望你提供解决方案时，我们需要尽快去对应。那么，高效解决客户问题的前提是什么呢？是要对公司所销售的产品非常了解，这样才能在最短的时间内快速解决客户的问题。比如，在工业控制领域，需要用到大量的传感器，不同的传感器有着不同的作用。只有当你熟知每一种传感器的功能作用和应用领域时，才能准确地应对客户的问题。而且，即使是在同一应用领域，也有多种类似的传感器可以实现，这就需要你结合客户具体的项目需求和细节，选择一款最合适的传感器。在这个选型的过程中，你需要掌握各种参数，比如说精度、量程、体积、温度特性等等，在综合评定了各种参数之后，才能做出最终的选型判断。一个看似简单的型号选择，背后需要结合产品和项目特点做全方位的评估。如果对于自身的产品不熟悉，就无法快速而准确的选型，又怎么可能高效地为客户提供解决方案呢？

· 产品装备专业

对于客户来讲，单纯地靠语言描述想象产品，或者拿本目录资料看，总是没有那么直观。所以，在条件允许的情况下，销售人员最好配备一些样品或者样机，在给客户介绍产品的时候，一边演示一边介绍，会更为生动，给客户留下的印象会较为深刻。如果希望进一步给客户留下更为专业的印象，可以在样品或者样机上做些"小文章"。比如统一使用专用的样机箱来装样机，而不是随便放到包里，每当从专用箱里面拿出样机展示的时候，都给客户一种摆放整洁、井井有条的感觉，久而久之，就会留给客户专业的感觉。再比如，每次在客户的桌面上演示产品时，可以放置一块印有公司Logo的桌布，一方面防止刮伤客户的桌面，另一方面则是让客户感觉很专业。

举个实际的例子。之前就碰到一家公司，全公司每人配备外形一样的样品演示箱，每次销售人员拜访时，都会拎着一样的箱子。慢慢地，每当销售人员进厂拜访时，看到箱子，客户就知道某某公司又来拜访了，这种感性的外观认识已经在客户的头脑中扎根了。

所以，配备专业的产品，注意演示的细节，是销售人员手中的不二法宝。

•语言谈吐专业

这个主要体现在专业术语的应用和相关行业的熟悉两方面。

不同行业都有自己的术语，当你决定攻略某个行业之前，先积累更多的专业词汇，丰富自己的行业语言，这样，在攻略客户时，才能给客户留下专业的印象。

比如，当你在针对手机行业销售相关产品时，如果这时客户提到了手机的组成部分，你能随口说出CG（表层玻璃）、LCM（显示模组）、VCM（音圈马达）、ITO（导电膜）等术语，客户就会高看你一眼，知道你不是门外汉，更乐意和你做深入的交流沟通。

除了术语方面，对于行业的不熟悉，也会影响你言语的专业性。要想熟悉一个行业，需要我们从行业的产品、技术、市场、未来潜力等多方面去了解。掌握了这些行业情报之后，当我们和客户交流的时候，客户就会感觉我们对于行业非常了解，甚至知道很多连客户自己都不清楚的行业信息。这样客户会认为你在该行业有很多积累，更为专业，也更愿意和你分享行业信息。

举例而言，当你和液晶行业的客户交流时，你主动提到"ＸＸ公司近期又在成都投资了一条6000K产能的新产线""根据目前的手机出货量，未来的液晶面板需求很旺盛""可折弯的液晶屏幕（比如OLED）将会成为未来的技术主流"等等和行业密切相关的信息时，是不是给人感觉更为专业呢？

•穿着专业

除了帮助客户解决问题，注意语言谈吐等"里子"，外在的穿着这种"面子"也很重要，做得好也会给客户留下专业的印象。就好比两个人同时站在你眼前，一个穿着紧身运动衣，凹凸有型；一个随意休闲搭配，时尚动感，谁更像是运动爱好者呢？答案不言而喻，肯定是穿运动衣的那个。一样的道理，身为销售人员，每次见面拜访都穿着得体，就会给客户留有专业的印象。实际的销售经验告诉我："西装革履"会比"板鞋牛仔裤"显得更为专业。曾经有两个不同的客户，都亲口对我说过类似的话。一位是一线的工程师，他说"见了很多不同的供应商，只有你们天天西装革履，还打领带，一看就很专业"；另一位是公司高管，他说"我更愿意接待像你们这样的供应商，穿着就很板正，干干净净，给人专业的感觉"。穿着这种看似无关痛痒的细节，如果我们能够重视起来，就能收获客户的芳心，留下专业的印象。

　　我认为"专业"这个词是对工作的最高评价之一。这既是客户对你工作的认可，也是你对于工作具有责任感的表现。除了上述提到的熟知产品、解决问题、产品装备、语言穿着等重要方面，专业其实还体现在很多细节方面。这些需要我们在实际的工作中不断总结和积累，并且运用到实际的销售工作中，只有这样，才能成长为专业的销售人员。

销售都是"细节控"

很多人会问,优秀的销售人员和销售新人的主要区别是什么?这个问题的答案有很多,也许你会列举出很多的区别点。在众多的区别点中,我认为最为重要的区别是对于细节的把控能力。

一个新人,在入职后,经过一段时间的公司培训,能够掌握销售的基本流程。例如从电话联络客户到现场拜访客户,从项目技术谈判到商务谈判,一直到最终拿到订单,他们可以按部就班地去完成整个销售流程。在培训的基础上,如果再经过一段时间的实际销售营业,就会对销售业务流程越来越熟悉,慢慢地也会掌握一些销售技巧。比如发现区域内更有潜力的客户,更加有效地介绍产品的差异化,更加合理地安排自己的工作时间等等。在这个阶段,我们可以把他们称为有销售经验的业务人员,他们已经能够独立去跟进和谈判项目,并且已经成功拿到了一些项目订单。伴随着业务量的增大,各种各样的事情也随之而来,比如客户压价,项目延期,关键人离职等等,当然还有很多意想不到的"黑天鹅"事件,比如客户投诉,货物遗失,采购渠道转移……经过这些事务的处理和过程的历练,表面上看,他们已经成长为成熟的销售人员,能够熟练应对业务流程,独当一面,应对各种销售状况,好像已经没有了销售的挑战性。但同时,销售人员也会碰到成长的瓶颈。这时,我们要询问自己,如何能够突破瓶颈,获得"重生"?下一步的突破点在什么地方?怎样才能变为一个真正优秀的销售人员?

通过对众多销售人员的观察和研究,我们找到了一个很重要且通用性很强的突破点,这个突破点就是细节!把握住项目细节,你就能获得进一步的突破。细节的定义很广,从销售人员的角度简单来讲,把控细节就是能够想到项目实施的方方面面，并且能够反馈给客户，迅速和客户把细节敲定下来。这个过程看似很简单，但其实需要做的事情非常多，尤其是需要深入的思考，配合快速的行动。

把控细节，首先要能发现细节，这是第一步。要想发现细节，除了要针对当前的项目进行深入的思考，还要结合之前的项目经验，做出合理的判断。我们既要想到客户能想到的细节，也要想到客户想不到的细节，这样才能掌控全局。

举个例子，某公司生产手机，最近投资了新厂，某个生产环节需要购买PLC来做机械手控制。作为PLC的销售人员，你从项目本身的角度出发，选定了A型号的产品，控制部分的技术评估可行，客户进行了大规模的采购，给了你大额订单。看似项目销售已经成功，但是，当客户买回产品时，发现了一些实际使用的问题：一是客户的控制柜比较特殊，空间很小，PLC无法很好地嵌入控制柜内；二是生产现场附近温度高，PLC经常出现"死机"的情况；三是PLC附近存在电磁干扰，数据丢失时有发生；四是客户后续希望整合产线系统，但是目前的PLC系统无法和其他系统完美接入……

你看，在产品卖出后，客户反映出了一系列的问题，这些问题为什么在售前没有被发现呢？

在平时，由于这些细节问题一般出现得比较少，久而久之，很多销售人员会忽略这些细节，在售前把精力放在功能的评估上，认为功能满足了，项目就OK了。忽视了细节，就为项目的后续进展埋下了"祸根"。你需要不断地去做各种售后，一一解决上述的问题，极大地降低了工作效率。假如我们能够在项目之初，就想到这些细节，并告知客户，做好应对策略，就不会有这些状况出现。比如，在上述的例子中，我们不单单是坐在会议室和客户谈方案，而是去生产现场实地考察，也许就能发现空间和温度的问题；如果我们多考虑一些可能的异常状况，就能提前做好电磁屏蔽的措施；如果我们能多和客户沟通未来的项目规划，也许就能提前开发好接入客户系统的端口……如果这些"如果"都能够落实到位，就不会出现那么多售后的问题。当然，存在的这些细节问题也许并不影响你前期的拿单，但是这会在后续影响你在客户心中的形象，他会认为你不够专业。相反，如果我们能够考虑到更多的细节，甚至想到客户自己都意识不到的问题，那么客户就会认可我们的专业性，客户的满意度也会极大的提高。

发现细节是第一步，那么，下一步就是为细节提供方案。我们不能发现细节抛出问题就不管了，关键是要能解决发现的问题。作为销售人员，我们不光是卖产品，更重要的是卖解决方案，通过产品协助客户解决实际问题。那如何才能提供完美的解决方案呢？这需要的是销售人员的"内功"——源于不断地学习和日常工作的经验积累，以及合理的创新。因此，在工作中，我们不仅要及时地应对客户问题，还要静下心来，学会把这些问题总结、归类，发现问题的规律性和方法的相似性，为后面"即将出现的问题"未雨绸缪，这对于技术能力的成长是大有裨益的。比如，我曾让一些销售人员把某些产品的生产工艺和制程全部背下来，再对应上迄今为止所有开发成功的应用，不论客户提出任何问题，都能给客户提供一个完美的解决方案。事实证明，这样的做法效果非常好，销售人员去客户现场拜访，俨然一个行业专家，让客户竖起大拇指，超出客户的期待。

有句话叫作"细节决定成败"。这句话不仅是在嘴上说说，而是要落实到日常的销售活动中。想要发现细节，就要带着一颗发现细节的心，让自己的思维更加缜密，思考更为深邃。项目就好比树干，而细节就是枝叶，只有树干，也许仍然称之为大树，但却给人一种凋敝清冷的感觉，没有生机；只有配上茂密的枝叶，才是一棵完整的大树，给人以蓬勃朝气。销售是门艺术，把控住细节，你就取得了通往艺术之门的入场券。

列清单，让讲话更具条理性

销售是一个经常和客户沟通交流的工作，我们需要对客户介绍产品、提供方案、对比差异等等，因此，交流是销售人员最有效的"销售武器"之一。"武器"有了，关键是如何用好这个"武器"。在实际的销售工作中，我发现很多销售人员在和客户交流沟通的过程中，往往缺乏逻辑和条理。尽管销售人员的产品知识非常丰富，在和客户沟通过程中也充满了激情，手舞足蹈地介绍产品优势，但是经常东一句、西一句，想起来什么就说什么。客户当时也许点头表示理解，但是当销售人员离开后，你再去问问他刚才主要交流了什么，或许他也不清楚到底交流了哪些重点，头脑中充斥着众多的交流内容。

如何评判你的一次拜访会面是否成功？一个简单而有效的标准就是：当你交流完毕，离开后1小时，我们去问客户本次交流的重点内容，如果客户能够迅速回答，甚至能够复述你说的内容，那么，这是一次成功的会面；如果客户需要静下来想很长时间，那么，这是一次低效或者无效的会面。因为，仅仅1小时客户都已经基本遗忘了交流的内容，我们可以想象，过了1天、1星期、1个月，客户会把你们的交流内容完全抛在脑后了。为了让销售人员的交流更有效、更具逻辑性和条理性，在销售实操中，我们发现一个行之有效的讲话技巧——讲话需要列清单。

通过列出"清单"，会很直接的带来三个好处：一是让交流的内容更具条理性；二是让你个人思维更具逻辑性；三是让客户认为你更具专业性。

首先是交流内容的条理性。人们往往能够更容易记住有条理的内容，而不是长篇累牍毫无逻辑的东西。通过总结罗列，把我们要讲的内容分条列出说明，会使内容的条理性大大增加。

比如，你们公司有一款新的激光测量传感器发布，你去客户现场介绍产品的优势，开始你是这样介绍的："这是一款我司新研发的产品，它的性能相比之前提升了很多。它的测量精度更高，最高精度可达 0.0001mm，行业领先。而且它的处理速度非常快，采样频率很高，可以到达 100KHz，目前是最快的。更为方便的是，它支持很多通信方式，基本涵盖了目前已有的全部通信方式。"

以上是一个简单的介绍，乍一听，还是具有一定的条理性的，原因是在语言描述中，使用了诸如"而且""更为"等连接和递进的词语。但是，如果我们加个"123"，是不是效果会更好呢？

我们来听一下："这是一款我司新研发的产品，它的性能相比之前提升了很多：1. 它具有更高的测量精度，最高精度 0.0001mm，行业最高；2. 它具有更高的采用频率，最快 100KHz，行业最快；3. 它具有更多的通信方式，支持目前全部的通信方式，非常方便"。

你看，同样的介绍内容，稍微做一点改动，加个"123"，内容的条理性很强，客户听起来会更有逻辑性。

再比如，作为销售人员，经常会遇到产品竞争，这个时候，我们需要介绍产品的差异性，如果我们能够分条列出我们的竞争优势，会给客户留下深刻的印象，让客户真正意识到并且记住我们的差异性。举个例子，同样是激光测量传感器产品，开始时，你这样介绍差异性："我们的产品精度很高，而且能够测量不同材质的产品，稳定性很好。而且，它基本不受电磁干扰，不受环境的影响。它的使用寿命很长，是其他产品的 5 倍以上。"以上就是你的产品差异性介绍，如果作为客户，听完后，当时也许能够点头理解，但是不容易记住。如果我们稍微加个"123"，情境就会不一样了："相比竞争产品，我们有4点优势：1. 精度更高；2. 能够测量不同材质，稳定性好；3. 不受电磁干扰，防止环境影响；4. 产品寿命长，是竞争品牌的5倍以上。"当你铿锵有力地对客户说出以上4点时，就有效地和竞争产品做了优势分割。客户不但能够理解你的产品优势，而且很有可能会原话汇报给领导，或者转述给其他同事，介绍效果大为增强。

像开始提到的，通过列出"123"，不但能够使交流内容更具条理性，久而久之，会让你的思维更具逻辑性。内容的条理性始于思维的逻辑性，如果你的思维都不清晰，又怎么可能列出有条理的内容呢？为了有意识地使你的讲话内容更具条理性，你需要提前整理自己的思维，这能够使我们思考任何问题时思路更加清晰，而清晰的思路是完成很多事情的前提。要知道，清晰的逻辑思维具有"传染性"，只有你的思路清晰了，在你"传授"给客户后，客户的思维才有可能清晰。

你的思路越清晰，讲话越有条理，客户会认为你更具专业性。很简单，销售人员之所以能够简洁地列出"123"，前提一定是其对于产品本身或者竞争差异非常熟悉，在此基础上，研究、总结、提炼，分条形成讲话内容，有理有据。站在客户的角度看，客户认为你一定在这方面做了很多的工作，是这个方面的专家，会认可你的专业性。而你的专业性又会带给客户信赖感，这对于销售人员，是宝贵的"财富"。

从上述内容看，简简单单的"123"，能够给我们带来诸多的好处，何乐而不为？那么，作为销售人员，如何培养"123"的习惯呢？有一个简单的方法，就是每次拜访客户之前，都把你要讲述的内容整理下，尽量分条叙述，使内容更加条理。比如，在上面举的两个例子中，我们可以列出一个表格，左边是原始内容，右边是分条叙述。

· **产品介绍示例**：

这是一款我司新研发的产品，它的性能相比之前提升了很多。比如，它的测量精度更高，最高精度可达0.0001mm，行业领先。而且它的处理速度非常快，采样频率很高，可以到达100KHz，目前是最快的。更为方便的是，它支持很多通信方式，基本涵盖了目前已有的全部通信方式。	1.它具有更高的测量精度，最高精度0.0001mm，行业最高； 2.它具有更高的采用频率，最快100KHz，行业最快； 3.它具有更多的通信方式，支持目前全部的通信方式，非常方便。

· **差异化介绍示例**：

我们的产品精度很高，而且能够测量不同材质的产品，稳定性很好。而且，它基本不受电磁干扰，防止环境的影响。它的使用寿命很长，是其他产品的5倍以上。	1.精度更高； 2.能够测量不同材质，稳定性好； 3.不受电磁干扰，防止环境影响； 4.产品寿命长，是竞争品牌的5倍以上。

是不是右边比左边的内容更容易理解和记忆？时间久了，就能培养出"123"的习惯。即使不用刻意整理，每次面对客户时，你也能有理有据地列出"123"。

客户是我们的介绍对象，是我们内容的直接接收者。千万不要试图想象客户会主动从我们交流的内容中去提炼和总结，大部分客户更喜欢直接接收。一定要最大化地总结概括好讲述内容，分条叙述，让客户理解和记住后，讲给其他人，"一传十，十传百"，口口相传，客户会成为你内容的分发者。

根据客户需求演示产品

对于一名销售而言，最终的工作是要为公司卖出产品，创造利润。要想让客户购买你的产品，第一步是要让客户深入了解你的产品，只有在了解你产品的基础上，客户才会结合其需求，做出是否购买的决定。让客户了解产品的方式有很多，比如产品目录递送，PPT介绍，视频播放等等，在众多的介绍方式中，现场演示的方式无疑是最高效、最受客户欢迎的介绍方式之一。因为现场演示能够让客户最直观地看到产品的效果，能够最真实地展示产品性能，不存在任何虚假的语言描述。试想，如果介绍同一种产品，一种方式是拿出产品目录本，一项一项去介绍产品的性能参数、应用场合，滔滔不绝介绍半个小时后，把目录送给客户，让客户再回去仔细研究；另外一种方式是拿出产品，接上电源，一边演示，一边介绍产品的性能和应用，声情并茂介绍半个小时后，让客户拍摄几张演示图片，回去分享和汇报。两种方式，哪一种更有效果呢？很显然，大部分客户更喜欢后一种，因为更生动，更直接，正所谓"耳听为虚，眼见为实"。

当意识到了演示产品的重要性时，很多销售人员开始了行动，每天辛勤地拎着演示箱登门拜访，逐一演示。过了一段时间后，有些销售人员发现这种方法效果并不明显，对于销售业绩的提升并没有明显的帮助，继而有些灰心丧气。那么，问题出在哪里呢？通过实际跟踪，我们发现，很多销售看似在演示产品，其实，他们并"不会"演示，说白了，就是他的演示并没有切入客户的真正需求点。因此，即使你演示再多，对于客户而言，也只不过是走马观花，你离开后，演示很快就忘记了。

那么，我们应该如何更高效地演示产品呢？简单讲，就是客户关心什么，我们就演示什么,你的演示一定要满足客户的需求点。要知道,人们的精力是有限的,他们更容易集中到能解决他们问题的点上,一旦你的产品能对应其需求,他们的兴趣会立马提起来,聚精会神地观看你的产品演示。但是,如果你的演示并不是他们所关心的,他们会很快失去兴趣,面对你的询问,他们只能出于礼貌地搪塞和应付。

举例而言,某汽车生产厂商需要检测轮胎转动后的振动量,描绘出振动曲线。因此,客户很关心测量仪器的测量速度,因为只有速度越快,采样点越多,描绘的曲线才能越接近真实。客户联系到你,你迫不及待地拿着仪器去客户现场演示。通电后,你拿出经常演示的标准测量品,比如一块 1.005 mm 厚度的金属铁片,经过反复测量,你的测量数值都稳定在 1.005mm,精度展示非常好。你自信地告诉客户:"请看,这就是我们的产品优势,测量精度很高。"客户点头赞许,接着问道:"你们的测量速度怎么样呢?"还沉浸在成功的精度演示中的你一句话带过:"我们的采样速度很快,这一点你不用担心。"客户"喔"了一声,然后你收拾了演示箱后离开了。

在上述的演示中,尽管你很好地演示了产品的精度特性,并且也获得了客户的肯定。但是,你并没有切中客户的需求点,客户的真正需求点是测量速度,而不是测量精度。所以,这不能算是一次好的演示。还是那句话,客户关心什么就演示什么,既然客户关心测量速度,我们就给他展示测量速度。比如,我们可以提前准备一个能够高速振动的马达,在演示时直接测量出马达的振动量,并且生成一段振动曲线。当你做这个演示时,客户一定会全神贯注地观看,因为这个演示和他的需求非常相似。他也许会说:"这就是我要的!"或者,我们还有更直接的方法,如果客户允许供应商进入现场做实际测量的话,我们可以提前联络客户,做好前期的测试准备工作,比如准备好能够转动的轮胎,做好固定测量产品的支架等等。我们直接带着仪器在现场实地测量，现场生成轮胎振动曲线，客户看到如此真切的演示，基本可以现场拍板决定："就要它了！"这才是真正高效的产品演示，不但能够最大限度地满足客户的需求，提高客户的满意度，而且能够最快地拿到订单，提升业绩。

我们发现演示离客户需求越近，就越能有好的演示结果：从最开始，我们拿金属片展示测量精度，和客户的需求毫不相关，客户毫无兴趣；到我们拿振动马达展示测量速度，贴近客户需求，客户称赞认可；再到我们直接现场检测轮胎振动曲线，满足其真实需求，客户拍板决定。客户的需求就好比是"原子核"，我们的演示一定要绕着"原子核"转，而且越贴近"原子核"，成功的概率越大。

上面的例子中，客户的需求点比较明显，我们比较容易找到有针对性的演示。然而，在实际的销售工作中，也许客户并不会那么明确地提出自己的需求。有时候，客户连自己真正需要什么也不是很清楚，有些模棱两可。这个时候，就需要你多和客户沟通，结合自己的销售经验，找出客户真正的需求，然后有目的性地去演示你的产品。我们经常说，"客户是上帝"，那么，客户的需求就是"上帝的需求"，一旦你满足了"上帝"，"上帝"会亏待你吗？

提高快速反应能力

武林中有句话叫作"天下武功，唯快不破"，这句话强调了"快"的重要性。在销售领域，对于项目的快速反应能力，也是销售人员的必备能力之一。那么，怎样才算是快速反应呢？一句话：以最快的速度满足客户的需求。比如快速解决工程师的技术难题，快速接听客户电话，快速回复客户询价等等。

要想做到快速反应，首先要清楚为什么要快速反应，这对于销售人员的工作到底有什么好处。快速反应的原因，主要是基于两点：一是快速切入拿单，防止贻误战机；二是给客户留下高效的印象，利于后续合作。

· **快速切入拿单**

一个项目从提出需求到最终下单的时间取决于需求方和供给方的处理速度。双方处理的速度越快，下单所用的时间就越少。而每一方的处理速度又取决于两点：自己内部的处理速度和对方的处理速度。规范的公司都是按照流程做事，自己公司内部总会有一些工作流程要走，这是内部处理速度的问题；而在处理过程中，除了自己内部流程，往往需要和对方沟通一些事宜，比如价格沟通，货期沟通等等，对方的回复速度同样会影响下一步开始的时间。对于销售人员来讲，客户的内部处理速度不容易把控，我们所能完全把控的就是加快自己的处理速度，提高快速反应能力，从而缩短整个项目的完成时间。通过快速反应，快速拿单，不但能在短期内提升业绩，而且还能规避很多风险，比如竞争对手介入，客户项目中途终止等等。

然而，很多销售人员在日常销售工作中，总是习惯性地拖延时间，需要等客户反复催促后才有反应，影响了拿单的时间。

举个简单的例子，很多销售型公司都会制定月度目标，按照月度目标的完成情况来对销售人员进行每月评估。假如某客户在25号电话联络你，提出了购买传感器的需求，接到需求后，你采取了如下动作：前期电话沟通用了1天，和工程师现场测试用了1天，与采购沟通价格用了1天，这样，3天的时间就过去了。如果客户的内部流程为3天，那么本项目从需求到下单一共用了1+1+1+3=6天，下单时间为下个月的1日，从而影响了本月的业绩。

原本可以做出更高的业绩，获得更高的奖金，下单时间只有1天之差，是不是有点遗憾？但是，如果我们能够快速反应，带着快速拿单的意识，当天电话联络后，驱车去现场测试，确定好型号后，当场和采购沟通价格，争取1天时间搞定。客户内部流程不变，还是3天，那么，总体来说，你用4天就搞定了订单。赶在月底之前拿单，帮助公司创造了更高的业绩。

订单时间延后还是小事，毕竟最终还是拿到订单了。但是，如果你的反应速度慢，跟进时间长，竞争对手得知了客户的需求后介入进来，就增加了竞争的风险，到时单到谁手可就说不定了。

·给客户留下高效的印象

快速反应，快速拿单只是针对项目本身而言的，这缩短了项目的周期。从长期来看，我们以最快的速度满足客户的需求，能给客户留下高效的印象，有利于未来展开更多的合作。在实际的营业活动中，我发现很多客户都会问这样一个问题："你什么时候能给到我结果？"表面上看，客户只是在询问一个处理的时间。如果你仔细揣摩，就能体会到，客户其实在以询问的方式催促你快速处理。如果再深究一层，多问个为什么：客户为什么如此关切处理时间呢？除了关系到项目本身进展外，还隐藏着一点，那就是之前客户肯定经历过很多供应商反应速度慢的情况，而且影响了他下一步的工作，所以他才会主动催促你加快处理速度，方便下一步的工作。这样，赢取口碑的机会就来了。如果每次项目我们都能快速对应，表现出很主动的工作态度，树立高效的工作形象，久而久之，就会给客户留下良好的印象：这家供应商反应速度很快，做事不拖沓，有事情可以找他们。那么，后续的很多项目客户就会主动找上门来，我们就不愁没有项目和订单了。

上面从"快速拿单"和"高效印象"两方面说明了快速反应能力的重要性，那我们该如何去落实"项目的快速反应能力"呢？其实，核心主旨还是不变的：快速满足客户的需求。这当然体现在方方面面，尤其是很多细节方面，我们做一个简单的列举：

1. 铃声响起，在三声以内接听客户电话；
2. 如果发现未接电话，立即回复并解释原因；
3. 工程师提到的技术问题最好电话里面立即解决，最多不要超过 1 小时；
4. 采购的询价当天回复，最好不要超过半天；
5. 客户主动邀约拜访，最好当天拜访，最迟不要超过第二天。

方法还有很多，在此我们不一一举例，这个需要自己在日常的营业活动中细心体会。快速反应能力是一种优秀的工作能力，它是效率这个词语最直接的体现。但是，要注意的是，快速不等于匆忙和盲目，不能因为快，就疏忽了很多项目细节，导致工作出现失误。因此，一定要找准时间节点，周密思考，快速反应，才能满足需求，高效拿单。

切"准"项目的跟进时间

对于一个具体的项目而言,一般要经过反复的验证、评估、谈判等过程。一名优秀的销售人员,对于项目的推进时间要保持敏感性,准确抓住项目的时间点进行切入,然后推进项目的进行。

我们为什么要强调跟进时间的重要性呢?因为机会总是转瞬即逝的,只有在正确的时间做正确的事情,才能得到好的结果。对于一个项目来讲,"正确的时间"就是项目切入的时间,而"正确的事情"就是推进项目进行的销售策略。如果把握不好跟进的时间,项目就容易"打水漂"。比如,当你跟进一个项目时,如果对于项目的进行阶段不了解,天天盲目地打电话给客户询问项目的进展,会让客户产生反感的情绪,留下不好的印象,不利于后续顺畅的合作。反之,如果对于一个项目不管不问,就"守株待兔"等待客户和你主动联络,自己不清楚项目的进展状况,你就无法采取对应的销售策略,也就无法保证项目顺利到手。所以,频繁的询问与不管不问都不是跟进项目的好方法。因此,要想妥善的切入一个项目,时间点是很重要的。切入时间太早、太晚或是不切入都是有问题的。对于切入的时间,我们有"一字秘诀"——"准",意思就是,当我们跟进一个项目时,每次切入的时间都要准确。

只要切入项目的时间点准确,就能有效地推进项目的进展。举个例子。

某耳机生产商有一个品质改善项目,项目初期,公司的品质工程师需要了解相关的改善方案。得知该项目后,你前去拜访确认。面谈后,你提供给工程师一套完整的解决方案,工程师告知会把该方案做对比评估并且上报。注意:这个时候,是明确切入时间的好时机。你可以询问一下工程师评估的时间和上报的时间，以便下一次切"准"跟进时间。工程师告知，评估应该会在一周内完成，确定好方案后就会上报。有了这个"时间信息"，我们就可以在五六天之后再次联络工程师确认方案的进展状况，确定是否需要改进方案或者搞清楚是否有竞争方案介入，如果有的话，当即采取有效的措施。在你的努力下，方案通过了。根据之前得到的消息，方案确定好后就会上报，这时，你再多问一句"项目的审核时间要多久"。工程师告知："如果没问题的话，会在两周内完成审核。"这样，两周之内，不用过于频繁的联络客户，以防客户的反感。我们可以在一周后打电话询问审核的进展。两周时间一到，立马联络工程师确认审核情况。工程师告知项目已经审核通过，开始进入实施阶段，3天以后公司采购会主动联系你。3天之后，你可以等待采购的联络，或者主动联络采购人员。取得联络后，确认到采购的订单审批流程需要5个工作日，你就可以坐等订单了。如果5天过后，订单未到，就可以联络采购，询问其未按照时间给到PO（订单，Purchase Order）的原因，催促其赶紧过来。

在上述例子中，通过简单询问，我们掌握了项目的进展阶段和时间，在不同时段准确切入进去，最终拿到了项目订单。比如，我们了解到了评估时间、上报时间、审核时间、采购时间和PO时间，在每个时间点，我们采取了相应行动，确保项目的顺利进行。这样的"踩点"推进，既不会让客户感到反感，又能高效推进项目进行，一切都在你的掌控之中。

有了上述的表格，可以有效地提醒我们需要在"什么时间"做"什么事情"了。随着项目的进行，我们要根据项目的进展状况更新上述表格的结果，做到实时有效。

切入时间准确，能够推动项目的进行，但是，如果切入时间点不准，就很有可能丢掉项目。比如，在上述案例中，当你把方案告知工程师后，就匆忙离去，没有确认项目的评估时间。由于评估时间是一周以内，但是你并不知情，所以你在一周以后才去跟进。工程师告知项目方案存在缺陷，已经联络其他供应商提供解决方案，这时候已经有竞争对手介入了，你再想扳回项目就比较困难了。如果你早一点儿联络，得知项目方案存在缺陷后，马上提出改善方案，客户也许就不会找其他供应商，也就不会有后续一系列麻烦的事情了。

可以看出，切"准"项目的跟进时间对于确保项目的顺利进行是很重要的。那么，我们该如何去做才能确认到项目的切入时间呢？其实，方法很简单，就是在实际的销售过程中，每次和客户电话沟通或者拜访面谈时，多问一句，询问其项目下一步的展开时间。比如，"请问方案需要多久评估完毕""老板的审批速度大概多快""按照贵司的采购流程，下一步需要我什么时候配合"……问法不同，但异曲同工，目的都是要确认到下一步的切入时间。

在这个充满不确定性因素的现实世界中，做到准确是难能可贵的。对于销售人员，只有了解清楚项目的跟进时间并及时准确地切入，才能一步一步推进项目向前走。否则，像个无头苍蝇一样找不到方向，摸不准时间，只会贻误战机，错失订单。

第三章

建立关系网,提升销售额

人类社会的构成很简单:独立的个体和相互的关系。关系是一种很奇妙的而且蕴含巨大能量的网络。销售人员要学会在关系网中游弋,清扫障碍,保持畅通。

不聊销售，先聊一聊生活

很多销售人员在拜访客户的时候，基本上是就事论事，关注点完全在项目本身，谈完就走人。这一点本无可厚非，毕竟大家都是为了工作，而工作的内容就是谈项目、谈订单，谈完之后工作结束，这是很正常的过程。其实，除了一本正经地和客户谈工作之外，如果时间充裕，多和客户聊聊天，扩展聊天内容，也许会有意想不到的收获。

经常和客户沟通、聊天，会有很多好处，我们列举比较重要的三点：

- **了解项目本身信息**

现在各行各业竞争都很激烈，搞定一个订单靠的是谁掌握了更多的项目信息。掌握的信息越多，项目的判断依据也越多，才能更准确地判断结果。比如我们很清楚客户项目的预算，那么我们就可以以此来做报价，防止报价过高或者过低；比如我们了解到了项目审批的关键人，我们以他为突破口，作为重点攻略的对象等等。既然信息这么重要，直接关系到你能否拿下订单，那项目信息从何而来呢？

信息的重要来源之一就是在和客户商讨谈判中获得，比如一些技术要求、项目周期、项目地点等等。这些信息虽然很重要，但都是相对比较公开的。一方面，根据目前的这些信息，你只能对项目做初步预判，尚不能完全把握住客户和项目；另一方面，如果存在竞争对手，客户给你说过这些信息，也会给竞争对手说过同样的信息，这样你所获得的信息和情报就没有太大优势，大家还都处于同一个信息层次上。那么，为了获取更多更有利的信息，除了商讨谈判这些"正规"的信息渠道，和客户聊天就成了重要的情报和信息的来源方式。大家在聊天过程中，敏感度不高，戒备心较低，很多在谈判桌上不能说的东西，也许会在聊天中不经意就透露出来了。聊得越多，获得的项目信息点越多，如果我们能够提取这些信息点并做有效整合，就能发现很多有用的情报，对于项目也更有把握。一个优秀的销售人员，一定是一个会聊天的人，让客户聊得开心，又在看似漫不经心的聊天中，一点一点获取项目的情报和信息，在头脑中形成完整的信息链条，有的放矢。所以，学会聊天，以聊天的方式获取更多的项目信息是很重要的销售能力。

- **了解行业状况**

从相对宏观的角度看，行业状况会直接影响到产品在这个行业的整体销售业绩。所以，了解行业的现状、趋势，对于业绩的提升是很重要的。比如，当我们了解到近期液晶面板行业在做很多大型的投资，新工厂遍地开花，我们就可以预判未来本行业的销售业绩会有一个爆发式增长；再比如，当我们了解到硬盘行业利润下降，很多工厂已经迁移到东南亚等国家，那么国内的硬盘行业对于我们产品的需求量就会减小，该行业未来的销售业绩堪忧。

了解行业状况的方法有很多，其中很多是通过媒体获得的，比如行业期刊、报纸、投行研报等等。其实，很多有价值的行业信息，我们是可以通过聊天获得的。有句话叫作"春江水暖鸭先知"，最先最深入了解到本行业信息的应该是该行业的从业人员，他们长期在一线并关注于该行业，有着较强的行业敏感性和一手的行业信息。那些媒体和第三方机构的信息源，很多也是从这些从业人员的口中得知的。所以，与其看那些媒体的总结，不如坐在会议室多和客户聊聊天，获取第一手行业信息。因此，在和客户聊天的过程中，不要局限于项目本身，以谦虚的态度和客户聊聊行业，也许会获得最新的行业信息和情报，为整体业绩的预测提供有力的信息支撑。

·慢慢和客户成为朋友

在项目的谈判过程中,大家都把精力放在了项目本身,所有讨论的内容也主要以项目为中心。一旦一个项目结束,大家好像没有什么可聊的了。当这个项目结束后,紧接着又接到一个新的项目,又是新的客户,精力再次全部聚焦在项目身上,项目结束之后和客户又没有什么进一步的联系……如此以往,时间久了,也许我们只记得项目的状况,但却忘记了很多客户的名字,自然也不会有更多更深入的联系。然而,请记住一点,关系对于销售人员是非常重要的。有了关系,客户才能找到你,你才有接单的可能;有了关系,客户才能协助你拿单,你才能更有把握。所以,你和客户的联系不能仅仅局限于项目的联系,还要更深一步扩展为朋友关系。朋友关系不是一蹴而就的,需要长时间的接触和累积。其实,项目开展的过程中就为你提供了很好的和客户接触的机会。在工作之余,多和客户聊聊天,聊天内容不一而足,比如最近的工作状态、生活爱好、家庭状况等等,时间久了,你们自然就能从陌生到熟悉,逐渐成为无话不说的朋友。有了朋友这层关系,当新的项目启动时,你说他会不会首先想到你呢?

一个人的思路往往是有限的,如果我们只按照自己的思路去沟通聊天,时间久了,你会发现,你所获得的信息越来越少。因此,多沟通,多聊天,获取更多的信息,了解各行业的状况,结交更多的朋友,也许另外一扇窗就打开了……

产品和人脉是销售的"终极武器"

如果把市场看作是看不见硝烟的战场,那么销售人员则是在战场上"厮杀"的战士。"工欲善其事,必先利其器",所以,在上战场之前,先要知道自己手上有哪些武器,这样才能在战场上抢得先机,在市场上游刃有余。面对纷繁的市场环境,销售人员的"武器库"中需要时刻准备多种"武器"来应对不同的市场状况。在此,我们重点探讨一下,销售人员手中最重要的"两种武器"——产品和人脉。

· **产品**

销售人员的工作职责就是卖出更多的产品和服务,创造更多的利润。所以,产品永远都是销售人员手中打头阵的"先锋武器"。产品的重要性不言而喻,客户对于公司的印象,都是从公司所生产的产品开始的。客户对于很多公司的评价,其实是以产品为基础做出的判断。比如客户给予苹果公司很高的评价,认为其创新能力强,这其中的原因在于当客户使用了苹果公司的手机、电脑等产品后,体验很棒。这种对于产品的感觉,延伸到了对于公司的评价。再厉害的销售人员,手上如果没有好的产品,也很难有突出的业绩。比如同一销售人员销售两种不同类型的手机,一种是智能手机,一种是按键非智能机。销售人员花费相同的销售精力,哪一种产品会创造更多的业绩呢?答案不言而喻。在当下的移动互联时代,智能手机在手机行业是"好产品",适销对路,更有人气;而"过气"的按键手机,无论你再怎么努力去销售,结果都收效甚微。所以,同样的销售人员和销售能力,销售不同的产品会产生不同的结果。因此,如果你打算从事销售职业,首先要对产品有深入的了解,到底哪一种产品才是真正被市场接受的。

如果你已经在为公司效力，全心全意为公司卖出更多的产品，那么，你需要知道在竞争激烈的市场中，你的产品的差异化在哪里，也就是你的卖点在什么地方。如果你的产品和其他品牌的一模一样，没有任何产品优势，客户没有理由选择购买你的产品。在说明差异化的时候，不要为了"差异化"而"差异化"，要站在客户的角度去思考差异化。

举个简单的例子，客户需要检测某个产品的厚度，精度要求0.1mm。有两种产品可以对应，A产品精度0.1mm，刚好符合检测要求，而且价格便宜；B产品精度0.001mm，精度足够满足，但是价格很高。单纯从产品的角度看，B产品精度比A产品精度高，是一个很大的优势；但是从客户的角度看，A产品的精度就可以满足要求了，没有必要选择价格更高的B产品。所以，B产品的高精度未必是差异化过程中的优势。

因此，除了对自己的产品和竞争对手的产品特点熟稔于心之外，还要从客户需求出发，站在客户的角度去思考产品的差异化，这样才是真正的"有效差异化"。

• 人脉

除了好的产品之外，在销售过程中，人脉的力量不可小觑。原因之一在于很多产品的差异化较小，在这种情况下，客户更偏向于关系更融洽的供应商。这个时候，人脉的力量就体现出来了。好的人脉关系会有"自生性"，会不断地拓展。比如，A客户和你关系不错，他把你介绍给同行的B客户，和B客户搞好关系后，B客户又把你介绍给C客户……随着人脉的增加，关系网的扩展，产品的销路自然就会越来越宽，市场占有率也会逐步提升。可见，无论是对于单个项目的推进，还是拿到更多的项目，人脉都是很重要的。

那么，我们该如何扩展自己的人脉呢？当然，方法有很多。我们可以采用简单而有效的"三步走"战略:一是解决问题;二是深入关系;三是进一步拓展关系网。帮助客户解决问题是最有效地建立人脉的方法之一。道理很简单,当客户遇到了问题一筹莫展时,你雪中送炭帮助其解决了问题,客户自然对你的帮助怀有感激之情,你们之间的关系就有了良好的开端。然而,仅仅是初步的基础性的关系是远远不够的,深层次的关系才是最有价值的人脉。既然我们已经通过帮助客户解决问题建立了初步的人脉关系,下一步就要深化已经建立的关系;深化的方法有很多,总结来讲,就是经常保持联系:比如定期打电话过去询问有没有新的问题需要帮忙解决;比如新产品发布后,前去做新产品的介绍;比如每逢节日发个问候信息等等。选择一个合适的接触频率,客户对你的印象就会越来越深刻,你们的关系也会越来越牢靠,下次有其他的项目时就会想到你,或者下次你需要他的帮助时,他也乐意伸出援手;在深化了人脉关系后,我们进行第三步:以此人为关系节点,拓展关系网。身处行业一线的客户往往更清楚真实的行业信息,他的人脉关系也主要集中在自己的行业,如果我们的产品能够卖给其中一家客户,那么该行业的其他客户也很有可能购买我们的产品。当关系深入到一定程度后,我们可以请客户帮忙介绍同行的其他朋友,建立更多的"行业人脉"。

通过"三步走"战略,我们可以逐渐扩展自己的人脉关系,慢慢编织起属于自己的"关系网络"。

举一个身边的例子,有家大型的液晶面板生产商接到了一个大单,由于需要在短期内迅速提高产能,所以要投资新的产线。该公司开始大量购买生产设备,但是大部分设备的交期很长,无法在短期内送到工厂,该公司极有可能因完不成订单产量而遭到天价的罚款。这个时候，客户的高层管理者找到了我们，希望我们能够提供协助。而我们的优势之一恰恰是快速交货，因此，我们按照规定时间将所有设备送到了客户工厂，客户也圆满地完成了自己的生产任务。我们帮助客户免遭重罚，客户很感谢我们，双方建立了信任的关系。由于该行业属于朝阳行业，每年有大量的投资，设备需求量旺盛。该客户作为行业知名企业，经常有其他同行前来参观交流。趁此机会，我们委托客户的公司高层向他们的同行介绍并推荐我们的设备。很快，我们的设备实现了全行业的快速推广，业绩快速地上涨。

因此，深入而有效的人脉关系是很强大的，让我们的销售工作如虎添翼，实现跨越式的进步。

产品和人脉，作为最重要的两件"武器"，销售人员一定要熟练使用，这样才能在"商业战场"上助我们一臂之力。当然，上面仅仅谈论了"武器库"中的产品和人脉，其实，还有很多重要的武器没有列出。比如价格、售后、货期……其实，武器没有高低之分，只要在能够在恰当的时机使用恰当的武器，就能攻坚克难，不断扩大你的市场版图。

重视"回头客"

对于销售人员而言,"客户就是上帝",因为正是有了客户的存在和支持,才有源源不断的订单,才能协助你达成业绩目标。当我们打开每年的销售列表时,很多交易过的客户就展现在我们面前:有的客户交易金额很大;有的客户只交易过几次;有的客户经常交易……在所有的客户中,有一类客户必须引起我们足够的重视,重复购买或者高频交易的客户。这类客户的特点就是经常性的购买、交易,比如平均每个月交易一次,平均每个季度交易十几次……为了更加直观,我们可以按照交易次数来制作一个简单的表格。从以下表格的数据来看,A客户每月都会交易,半年下来,多达22次交易,是绝对的重复购买客户。而其他的客户则交易很少,交易频数不高,不算是重复购买客户。

客户\交易次数	1月	2月	3月	4月	5月	6月	半年
A客户	2	2	4	6	3	5	22
B客户	1	0	0	1	0	0	2
C客户	0	0	1	0	1	0	2
D客户	1	0	1	0	2	0	4

我们为什么要重视这些重复购买的客户群体呢?原因很简单,因为从购买力的角度看,在所有的客户当中,最容易产出业绩的就是这些重复购买的客户,有的公司称之为Repeat客户。所谓Repeat客户,是指客户会自发持续地购买你的产品,比如每月购买,每个季度购买,每年多次购买等。

不管是对于销售人员还是对于公司，重复购买客户都是非常宝贵的客户资源。原因主要有两点：

第一，对于销售人员而言，重复购买客户能够持续不断地带来销售业绩，减小业绩压力。面对每个月高高在上的业绩目标，销售人员都倍感压力，需要不断地开发新客户来维持业绩的增长。但是，毕竟每个人的时间和精力都是有限的，假如一个销售人员每月最多能够开发5个新客户，产生10万元的小数业绩，但是目标却是20万元，那么，剩下的10万元的业绩缺口由谁来填充呢？填充的主力就是之前开发成功，能够重复购买的客户。从另一个实际的角度来看，很多公司的销售目标年年攀升，业绩压力越来越大，而销售人员开发拓展新客户的速度远远赶不上目标增长的速度。这时，重复购买客户就可以挺身而出，为你带来持续的基础业绩，让你腾出更多精力去全心开发难以攻略的客户。

第二，从公司的角度来看，重复购买客户是公司稳定发展的保障，也是公司"利益生态圈"中重要的合作伙伴。大家都喜欢"躺在床上数钱"，对公司而言，重复购买客户就是能够让你"躺在床上数钱"的客户，因为你并不需要做太多主动的销售动作，客户一旦有相同需求，就会直接下单给你，产生业绩，这为公司提供了一定的业绩和生存保障。另一方面，公司的销售人员总会存在一定的流动性，从公司的角度看，我们不希望当某区域的销售人员离职后，该区域的业绩会产生大幅的下降，这种业绩波动不利于公司的稳定发展。那么，这个时候谁能够在人员缺少的情况下保证业绩呢？是我们的重复购买客户。这个客户群体不但能够帮助公司平复人员流动带来的不稳定性，而且还能帮我们不断地拓展更多的客户。因为重复购买客户之所以不断地、重复地购买，说明他们认可我们的产品；如果这些客户是行业的"领头羊"，就会产生一定的行业示范效应。同行业的其他公司也会争相模仿，争相采购，这对于公司业务拓展是很有利的。

好了，既然重复购买客户那么重要，我们该如何去开发这种类型的客户呢？

分两步：第一步先要找到这种类型的客户；第二步推荐与其相关的应用。

其实，每个行业都会有这种类型的客户，尤其是那些生产标准产品的客户，他们的设计或者工艺有高度的一致性，不会轻易变更，因此，他们所使用的供应商的产品也不会轻易改变。现在，很多客户的业务方向和内容都是公开的，所以找到这个客户群体并不难，关键是要瞄准相关应用，让客户认可并使用你的产品，这才能开发成功。

搞定了重复购买客户，你的工作会相对轻松很多。举个例子，A销售人员在负责某区域的时候，一直在很努力地工作，每天都有很多电话联络和现场拜访等销售动作。虽然每个月都把自己搞得很疲惫，但也只能勉强完成业绩目标。随着业绩目标的不断增加，A终于扛不住了……之后，B销售人员接手了该区域。我们发现，他每个月都能轻松完成业绩，秘诀在哪里呢？原来，通过调研分析，B销售人员发现该区域的手机组装设备商特别集中，而且每月的出机量很大，很多还是标准机器。根据以上信息，B判断这类群体是有重复购买潜力的客户群。意识到这一点后，B集中火力攻略这部分客户，研究和合作开发新的应用。尽管前期很忙很累，但是随着产品的成功应用，客户不断重复购买，带来了持续的业绩。只要客户的销售业绩不断上升，B的业绩也节节攀高，现在"躺在床上都能收订单"，比A销售人员舒服多了……

捷径总会有的，难点在于如何发现捷径。每一个有重复购买潜力的客户都是极为优质的客户资源，一定要引起我们足够的重视。在日常的销售活动中，我们要更加主动地去发现和联络这种类型的客户，并且努力将他们开发成重复购买客户，把他们纳入我们的"利益生态圈"，你会发现，他们就是你业绩的捷径。

记录客户月采购金额

随着公司的业务不断拓展,和公司交易的客户数量不断增加,销售人员的工作量也越来越大。一个人的时间和精力是有限的,不可能掌握所有客户的最新进展。当你的交易系统里面只有几家公司的时候,也许你有大把的时间和每个公司客户的员工打电话聊天,了解客户最新的经营状况和销售机会。但是如果系统里面的交易公司增长为几十家甚至上百家公司,那么,除了能照顾到少数几个业绩影响较大的大客户外,你很少有充足的时间去关注其他客户的最新信息,而新的信息就是新的销售机会。对于一名销售人员而言,我们应该主动去发现和寻找订单。那么,从销售的角度来看,有没有什么方法可以让我们快速了解公司的最新动向并做出订单预测?

根据销售经验,我们在这里介绍一个重要的销售指标,这个销售指标具有很强的研究和指导意义——客户每月采购额列表。简单讲,就是每家公司每月的采购金额是多少,我们可以依此数据列出一个表格,通过表格数据的规律做一些客观的推断。比如,表格如下:

月份 公司名称	1月	2月	3月	4月	5月	6月	7月	8月	9月	10月	11月	12月
A公司	5000	8000	8000	11000	12000	15000	21000	25000	25000	27000	28000	30000
B公司	80000	79000	8000	9500	12000	15000	10000	16000	11000	7000	9000	11000
C公司	8000	0	0	9000	12000	0	0	0	80000	0	0	5000

表中的数据代表了三家公司每个月的采购金额数据。在众多的销售数据中,采购金额是公司最直接的晴雨表,通过这样一个很简单的表格,我们可以发现很多隐藏在背后的信息。面对表格中密密麻麻的数据,也许你会看得

眼花缭乱。不必担心，尽管数据很多，但是需要你做的工作却很简单：仅仅是要从中找出异常的数据，分析判断原因，然后联络客户确认信息，简单而高效。

下面，我们按照不同的公司逐行来研究数据：

A公司：A公司是销售人员刚刚开发出来的公司。可以看到，该客户每月的采购金额有逐月增长的趋势，说明这是一家具有采购潜力的成长型公司。如果照这样的成长速度，几年之后，该公司势必会成为我们重要的大客户之一。那么，在和该公司的合作初期，一定要注意给予更多的关照和支持，让客户心怀感激，不会轻易改变供应商。比如，交易量逐月增加，说明客户也在积极扩展他们自己行业的客户，我们可以去了解他们的目标客户是哪些，我们可以做哪些方面的技术支持或者销售配合帮助A公司获得更高速的成长。

B公司：该公司是我们的"老牌"合作公司，之前的采购量很大。比如1月份和2月份的采购金额都在8万元上下浮动，但是到3月份，采购量出现"断崖式"下跌。也许仅仅一个月不足以说明什么，也并没有引起你太多的关注，但是，如果该公司连续数月采购量下滑，就需要引起你的警觉了。比如4月份之后，该公司的采购金额在1万元上下徘徊，比之前锐减了80%多，这是什么原因造成的呢？原因有很多：比如行业不景气，客户的出货量减少；比如有竞争对手介入，取代了你的大部分产品；比如客户开始转型，以前的原材料采购量减少……种种原因表明，这种大公司会对你的业绩产生直接影响，所以我们要立即行动，搞清楚背后的原因是什么，以便制定应对策略。

C公司：该公司也是刚刚合作不久的公司，从采购金额来看，目前并没有呈现出明显的规律性。一年之中断断续续的采购，很可能客户是根据自己的行业需求来购买的，有订单就采购生产，没有订单就暂时不做采购。但是，我们发现9月份的采购量突然增加了很多，我们推断，C公司很可能在这个月接到了一张大单。这时，我们可以联络客户确认项目的规模，以及后续在此大批量购买的可能性，以便提前做好准备。只要能够和该类型公司处理好关系，及时应对其采购需求，就能将其培养成为忠实的"粉丝客户"。

你看，一张简单的表格，几列冷冰冰的数字，没有任何描述性的文字，看似没有什么直接而且明显的信息，但是，我们却可以透过它们，从最直接的销售业绩角度，去分析客户的发展潜力和实时进展。这样，即使我们坐在办公室，盯着电脑，只要你愿意开动脑筋，一样可以发现更多的销售机会，更充分地去了解客户。

其实，销售工作会产生大量的销售数据，值得参照的销售数据有很多。之所以挑选采购金额数据，原因很简单，在一个理性的市场中，聪明的企业主一定会按照最真实的需求来采购产品，减少库存积压，保持资金流动性，获取最大的利润。因此，在这些数字的背后，也一定是最真实的市场动态的反映。在日常的工作中，不要小看了这些不起眼的数据，正是通过这样一些"简单"的数据，我们才能够发现"不简单"的公司和市场信息。

不要迷恋"关系"

有一个销售人员负责跟进一个大项目,由于项目比较重要,领导询问销售人员:"项目进展如何了,能拿到订单吗?"销售人员回复:"领导,我和客户那边的王经理关系很好,应该没什么问题的。"过了几天,再次联络客户时,客户说:"不好意思,我们已经选择了其他品牌。"领导怒气冲天,责问销售人员:"你不是说关系很好,没问题吗?这能叫没问题吗?"

上面是一个简单的销售场景,也是很多销售人员碰到过的情况。他们自认为和客户的关系相处得很融洽,不认真分析客户的需求,不仔细研究竞争对手,以为陪客户吃吃饭、喝喝茶,就能够搞定一切。平常不紧跟项目,直到丢掉订单才幡然醒悟:原来只靠关系是不行的!

关系是一个很奇妙的东西,尤其对于销售人员,"关系"是一个强有力的武器,用得好,可以拿单无数,所向披靡。但是,我们要强调的是,很多销售人员由于从"关系"中尝到了甜头,非常迷恋关系,认为关系是万能的。他们像蜘蛛一样,不停地编织自己的关系网络,迷失在关系之中。这是一个危险的认知,也是销售人员进一步提升自我的一个瓶颈。这个时候,你需要清醒一下,跳出关系的束缚,去思考销售的本质。为了让大家更清楚"关系"这个东西,我们就慢慢为大家梳理一下。

首先,关系不是凭空而降,忽然就有的,而是有一个产生、加固的过程。你仔细想想你的每一个客户,一个新的客户摆在你的面前,之前从来没有联络过,你不认识里面任何一个人,你是如何一步步和他们建立关系的呢?第一次产生关系,一定是客户有了相关需求,联络到了你。接到需求后,你开始电话沟通,然后现场拜访,卖出产品帮助客户解决问题,客户很满意,良好的关系就这样建立了，很简单的过程。所以，关系的原点在哪里？在于客户的需求，而你的产品或者服务又恰好能满足客户的需求和利益，客户才会和你建立关系。可以说，"需求是关系之母"！没了需求，关系何在？那么，问题就来了，你认为一个搞不清楚客户需求的销售人员，单靠关系就能拿到订单吗？在回答之前，我们看一个小小的例子。

某大型智能手机生产商为了能够保证生产过程中产品的清洁度，需要采购1000套除尘系统。你和客户的生产经理关系不错，在竞标的时候希望能够多多照顾。由于你的产品在全球处于领先水平，除尘性能肯定是没有问题的，不但技术上有保证，而且你和客户的关系又不错，尽管有竞争对手存在，你也没有太当回事。你多次联络了生产经理，生产经理表示没有问题，会推荐你的产品。时间一天一天过去了，竞标结果公布，客户选用了另外的品牌。这时候你傻眼了，开始找出现这个问题的原因。原来，该项目属于大型改善项目，需要经过严格的评估，满足其除尘要求只是主要要求和基本要求。由于现在公司大力倡导"节能减排"，在满足其除尘要求的基础上，客户希望能把能耗降到最低。评估发现，另外一个品牌，不但满足其除尘要求，而且能耗比其他品牌低很多，所以客户最终选择了另外的品牌。生产经理也只能无奈地解释道，我的确推荐了你们的品牌，但是在能效评估上我们只能考虑另外的品牌了。

你看，尽管和客户关系很铁，但是依然没有拿到订单，原因在哪里？原因在于没有理解透彻客户的需求。客户的需求有两个，一是除尘，这是主要需求；还有一个是降低能耗，这是第二需求。只有两个需求都满足，客户才会选择。然而，由于对"关系"的过分相信，导致你缺乏对于客户关系的细致分析，仅仅停留在了主要需求的满足上，最终丢失了订单。如果当时能够了解到客户的第二需求，你还可以通过各种方法去挽救，比如更换低耗能型号的产品，差异化对比攻略核心评估人员等。然而，你被关系遮住了双眼，看不清客户需求的本质，贻误了战机。

刚才我们提到了关系的建立过程，进一步来讲，如果你和客户已经建立起关系，就保证你们的关系牢固不破吗？这是一个充满竞争的社会，关系作为一种重要的资源，也无时无刻不面临竞争的风险。你想想，既然你能和客户建立关系，竞争对手为什么就不能呢？如果竞争对手的产品和你的产品差异性不大，也能解决客户的问题，满足其基本需求，那他们和客户之间同样有建立机会的可能。所以，关系建立后，要维护是对的，但是不要相信关系会一直稳定下去，总会存在松动的一天。即使关系松动也没有关系，只要你能够把握住客户的需求，就依然可以不断地销售产品出去。要知道，我们要打的是"客户需求战"，而不是"客户关系战"。

其次，关系是把"双刃剑"，既能够协助销售人员拿到更多订单，也有可能使销售人员看不清客户需求的本质。讲了这么多，千万不要简单地认为关系没那么重要了，保持良好的客户关系是一定要做的，只是不要太过迷恋关系。关系是依附于需求产生的，它也会一直围绕着需求，就好像太阳和行星的关系一样，行星都在围绕太阳转，关系也在围绕需求转。如果我们能够抓住需求，还担心"关系"跑远吗？

用合作与发展解决矛盾

市场的开发永远不是一帆风顺的，难免会出现一些磕磕碰碰。在和客户合作的过程中，偶尔会出现一些商业争端和摩擦，这是很正常的事情，因为尽管大家有着很多共同的利益，但是也存在着很多利益的分歧。碰到这类利益争端问题，如果处理得好，就能进一步加深和客户的合作关系；处理不好，就很有可能导致双方合作关系破裂，大家分道扬镳。那么，对于一名销售人员来讲，当和客户发生利益争端时，该怎么去有效地处理呢？

在此，请大家谨记一条处理争端的原则：永远不要和客户翻脸，合作与发展是解决争端的最大原则。所有解决争端的具体方法，都要围绕合作与发展的原则来制定和实施。

其实，商业争端往往来源于利益分配的问题，大家都想尽可能的维护本公司的利益，导致出现利益冲突。比如，销售人员希望卖出更高的价格，为公司赚得更高的利润，而客户的采购人员则希望压低采购价格，为公司节省更多的成本，大家在自己的岗位上各司其职，这一点是完全没有问题的，这是对于本职工作负责任的表现。然而，这同样是把"双刃剑"，如果大家没有很好地找到利益的平衡点，就会发生利益冲突，逐渐演化为商业争端。争端往往起源于某个具体的项目，项目都是有生命周期的，所以发生争端的利益也往往是短期利益。如果这个时候，双方咬着短期利益不放，一方面，我们会给客户留下了非常差的印象，客户会考虑其他替代供应商，从此，你永远丢失了一个客户和业绩来源；另一方面，如果客户重新评定项目的供应商，需要重新做方案设计，造成时间和精力的浪费，对于客户来讲，这种隐性的成本也会大大增加，也不利于项目利益的最大化。双方合作关系一旦破裂，这条原本存在的"价值输送链"就断开了，大家为了短期利益而丢掉了长期的利益，这真的不划算。

面对争端，如果我们能够本着合作与发展的原则，保持平和的心态，做到"大事化小，小事化了"，友好地解决争端问题，就能维持长期的利益，这对于双方都是好事。在合作的过程中，这种小摩擦会加深双方的了解，彼此会更加信任，为后续的合作奠定更加坚实的基础。

在此，我们列举一个双方产生摩擦但是和平解决的例子。

在某个项目进行的过程中，由于发货型号错误，客户无法使用，客户提出换货的要求。但是，客户竟然把需要退回的产品弄丢了，无法完成换货的流程。本着"丢了别人东西要赔偿"的原则，我们提出，客户必须承担遗失货物的损失，经过核算，损失金额在2万元左右，不算太高。但是，客户则坚持认为，是我们发货错误在先，不能承担全部损失。两家公司都是大公司，都很强硬，不能达成一致的意见，双方陷入了僵局……

为了解决这个难题，需要我们本着合作与发展的原则去思考处理的方法，既要照顾到双方的颜面，又要考虑到双方的合作。首先，对于我们来讲，在这件事情上的态度很坚决，必须由客户赔偿，因为这个事情的是非特性和原则性太明显。公司高层会表示，"为什么客户弄丢的东西需要我们来承担损失，这是不可能的"，如果做出让步，对于一家大公司来讲，可能会触碰一些管理底线，不利于后续的管理工作。既然我们不肯让步，那么，思考的方向就要发生改变，我们需要考虑的是：如何才能让客户欣然接受赔偿。刚才讲到，客户态度也比较坚决，不可能无缘无故接受全部赔偿的说法，所以必须给客户一定的"利益甜头"，他才有可能接受。最终，我们提出了这样的解决方案：客户承担本次遗失产品的全部损失，但是我们会想办法降低其他产品的采购价格，算是来弥补客户本次的损失。而且，随着客户的采购量增加，不但能够挽回2万的损失，从长期来看，通过降价节省了更多的成本。客户自己也仔细算了算账，最终，认为利益分配合理，双方成交，本次争端圆满解决。经过这次"危机事件"之后，双方不但没有失去信任，反而在项目的沟通上更为频繁，关系也更为密切了。这就是合作与发展的处事原则所带来的好处。

在多方合作的过程中，摩擦和争端并不可怕，可怕的是不能稳妥地解决小争端，反而使争端越来越大，影响未来的合作。还是那句话，面对争端，我们要有平和的心态，波澜不惊，遵从双方的利益，本着合作与发展的原则去解决争端，从而获得更大的发展。

第四章

客户就是上帝,用服务搞定客户

一句挂在嘴边的话语——"客户就是上帝"。在快消品、工业品、高科技产品等各个销售领域,这句话都是永恒的真理,我们不怕多重复几遍。

选择有效的沟通方法

现在,社会化分工越来越细致,每个人每个职业的工作内容都是不一样的。一个程序员的工作是面对电脑不断地敲击代码完成程序的运行,他面向的对象是电脑;而销售则是一个需要不断和各种人打交道的工作,通过不断地沟通,达成共识,推进项目的进展,所以销售面向的对象是人。我们经常说"跟进一下项目",与其说是跟进项目,不如说我们跟进的是人。通过跟进项目的关键人,让一个关键人推动项目到下一个关键人,一直到项目结束。在这个过程中,我们需要经常和这些关键人沟通谈判,要知道,人不是电脑,每个人都有自己的感情、个性、风格。当我们面对不同的人时,聊天交谈的方式、内容也要因人而异。

很多销售人员对于沟通的理解太过狭隘,或者存在误区。在这里,我们要明确一点,我们和客户沟通的目的不仅仅是交换信息,不只是告诉客户你的产品多好,或者让客户告诉你项目有多大,而是在和客户沟通中建立一种信任感和亲密关系。只要关系到位了,信息交换才能信手拈来,随拿随到。信任感和亲密关系一定是随着接触次数的增多而逐渐建立起来的,而在所有的接触方式中,电话和拜访沟通是最常见的接触方式。所以,在日常销售活动中,和客户的电话、拜访沟通是很重要的,做的到位,关系就能稳定建立,方便业务的展开。

沟通的方法也许有很多,在此,我们介绍一个舒服而有效的聊天方法——因人而异,投其所好。

其实,很多销售人员在进入公司时都会进行所谓的销售培训。但是,销售培训方法相对单一,很多销售人员的销售思路也很简单,不懂得变通,他们面向所有客户的问话内容、问话语气、问话思路千篇一律。也许通过这些"标准"的问话，你能获得你想要的信息，但是，你永远不可能和客户建立长期稳定的亲密关系，这样就不利于更为深入的合作。

为了更好地和客户沟通，我们该如何践行"因人而异，投其所好"的沟通方法呢？其实方法很简单：一是了解分析客户特点，比如分析客户的性格特点、语言特点、思维方式或者感兴趣的话题等；二是针对分析出来的特点制定有针对性的策略。这两步，一步是分析问题，一步是解决问题，只要能够走好这两步，就抓住了客户的心。

举个简单的例子。通过和客户A的接触，我们发现A性格比较随和，很有生活情调，非常喜欢与人聊生活中的琐事。当了解到客户有这样的聊天喜好时，我们就可以多和客户聊一些生活方面的话题。比如，当我们在和客户谈项目时，可以穿插一些轻松的生活话题，聊聊电影，谈谈人生，满足客户的聊天欲望。客户发现和你聊得来，久而久之，双方就能建立亲密的关系，成为无话不聊的伙伴。

再比如，客户B是技术出身，典型的"理工直男"思维，逻辑思维缜密，更注重于项目本身的技术要点。这个时候，你需要就项目本身，仔细考虑到所有的技术要点和细节。在和客户沟通时，有条不紊地给客户介绍所有的技术点位，不但要说出客户理解到的技术要点，最好还能说出客户考虑不到的技术细节。这样客户就会认为你考虑周到，善于把控细节，认为你技术过硬，对你产生信任感。当有新的项目时，客户B更愿意找他认为的有着专业技能的销售人员，那么，你的机会就来了。

再举个小例子。客户C是公司高层，看事情喜欢高瞻远瞩，放眼整个行业。那么，你和他讨论的内容就不能局限于某个具体的项目了，应该要向C所关注的行业话题靠拢。这就需要你提前对整个行业有一定的了解和认识，比如多关注一些行业公众号，了解最新的行业资讯，或是翻阅下行业顶级专家出版的书籍,学到最新的行业思想。在这个过程中,最好能形成自己独到的观点。这样,在和客户沟通时,你才能和他站在同一层面侃侃而谈。客户 C 也感觉自己遇到了行业知己,肯定对你留下深刻的印象。

通过上面三个简单例子可以看出,我们的沟通方法是先了解到不同客户的沟通方式,进而变换自己的沟通方式,以更加贴合客户风格的方式去沟通。当我们完成一次和客户的电话或者拜访沟通后,多花几分钟总结一下这个客户的沟通特点,当下一次再和这个客户沟通时,做到"投其所好",你就能掌握聊天的主动权,主导聊天的方向。

沟通必杀技——引导+深挖

销售工作表面上看是销售人员和客户的你来我往，谈笑之间完成交易。从信息学的角度看，销售的背后其实是信息的交换，谁掌握的信息越多，谁拿单的机会就越大，获得高利润的可能性就越高。所以，对于一名销售人员，要经常去客户现场拜访沟通，了解更多的项目信息。但是，销售和客户的精力毕竟都是有限的，所以见面的次数和时间也总是有限的。那么，怎样的沟通方法才能在较短时间内掌握更多的信息呢？在这里，给大家介绍一个屡试不爽的方法——引导+深挖。

对于某个具体的项目而言，并不是所有的信息都是有效信息，客户也并不知道你想要获得什么信息，这就需要你去引导客户，让客户主动说出。在客户陈述的过程中，你要注意倾听，如果听到某些关键信息，继续深挖，获得更深入的信息，如此往复，就能获得大量的项目信息。我们列举一个简单的对话的例子，来看一下"引导+深挖"的方法。某电池设备制造商提出了需求，希望你能前来拜访，商定合作事宜。你在拜访客户之前，一定要明确自己想要获得的信息。比如，关于这次项目，你希望获得的三点信息：他们的客户群体、本次项目改善的必要性和预算。见面后，开始了如下的对话：

销售员："现在新能源技术在国内的发展如火如荼，各大电池厂商都在新建厂房，扩增产线。贵司也是该领域深耕多年的设备专家，之前一直没听说要做这方面的改善，为什么这次要做呢？"（引导信息点1：项目改善必要性）

客户："这也是我们客户（主动提到了客户，关键信息，待会要深挖）的要求，他们工艺品质有所提升。而且，如果不改，会影响电池的充放电时间，

所以必须要做这方面改善。"（得到了信息点1）

销售员："喔，原来是客户的要求。现在很多公司的品质要求都越来越严格，像XX公司，要求一高，很多老设备都不能用了。你们有给他们做设备吗？"

客户："恩，XX公司是我们的客户之一。（关键信息，注意深挖）不过我们这次不是给他们做的。"

销售员："看来贵司的客户都是大公司啊，新能源行业排在前几名的客户有做吗？"（引导信息点2：客户群体）

客户："当然，像XX公司，XXX公司，XXXX公司都是我们的客户呢。"（得到信息点2）

销售员："果然都是大公司啊，大公司钱多，改善项目也多，需要像贵司这种研发实力强劲的设备商的支持。不过，我们的产品卖价不便宜，所以我估计本次项目的改善成本也不低，您有没有大概的预算范围。"（引导信息点3）

客户："预算不是问题，还在报价阶段，先报价就好（得到信息点3）。他们本次投资规模很大（关键信息，深挖），做得好的话，前景广阔。所以，也希望能够得到你们的支持。"

销售员："喔，大家都是朋友，不用客气，该支持就支持。顺便，请教一下，您刚才指的主要是什么投资项目？"

客户："他们在广州投资了一个大厂，产能翻番……"（得到更多情报信息）

以上是一个简单的模拟沟通对话，从中，我们可以看到，我们一直在主动引导客户说出我们想要得到的信息。由于前期信息目标明确，配合上一些话术技巧，我们很容易就得到了客户群体、改善的必要性和预算这三个重要的信息。另外，客户也不是机器人，不是只回答你想要的东西。在沟通的过程中，客户可能会有意无意地透露出我们计划之外的关键信息，一旦察觉到这些信息点，要立即深挖，毕竟机会往往是转瞬即逝的。比如，在上面的对话中，我们不但得到了自己想要的信息：项目改善必要性、客户群体和预算，还意外地得到了一些投资情报等非常有价值的信息，这得益于销售人员对于信息的敏感性，一旦客户提到一些关键信息，立马接上话茬去深挖。比如，客户提到说"本次投资规模很大"，我们就接上话，询问"是什么投资项目"，然后就很自然地得到了投资情报。上面的对话不长，但却获得了非常多的信息，是一次非常高效的会面沟通。而且，整体的对话听起来流畅舒服，不觉得很突然或者是目的性很强，营造了轻松的对话气氛。然而，有些销售人员在沟通过程中过于直接，上来就单刀直入"你的客户是谁""你为什么要改善""你们的改善预算是多少"，就像审讯犯人一样去问话，听着很不舒服，而且目的性又这么明显，客户出于隐私考虑，是不愿意说太多的。

所以，要想有良好的沟通，首先自己要掌控沟通的思路，让客户跟着你的思路走，双方才能都"走"得舒服。在实际的销售工作中，我们发现很多销售人员虽然很有目的性，在沟通的过程中得到了自己想要的信息，但是对于其他关键信息充耳不闻，错过了很多深挖信息的机会。要知道，也许你想要的信息有时并不是最重要的信息，反而客户无意中透露出的信息才是最为关键的。所以，千万不要认为得到了自己想要的信息就万事大吉，可以收工回家了，不要为了得到自己想要的信息而忽略了其他关键信息。

在任何时候，仔细的聆听总不是一件坏事。

销售就是讲故事

对于一名优秀的销售而言，除了从理性角度为客户提供合适的解决方案之外，感性的沟通也是必不可少的。什么是好的沟通呢？就是在能够表达清楚意思的前提下，听起来舒服、自然，这就是简单有力的评估标准。

要想沟通得更加舒服、自然，方法有很多，比如柔和的语气，贴切的用词等等。在这里，我们只强调一种非常重要的沟通能力——讲故事。所谓"讲故事"是指在我们表达一个意思或者实现一个沟通目的的时候不要太过直接，而是通过添加一些描述性语言，让意思的表达更加舒服，更加具有说服力。在日常交谈中，直接沟通本身是没有问题的，尤其像一些关键技术参数的确认，这个一定要直截了当，不能含糊。但是在以下两种情况下，讲故事的沟通能力就显得尤为重要。

·获取客户的关键信息或者敏感性信息

关键信息对于销售人员判断项目状况是很重要的，比如终端客户信息、竞争对手价格、关键人信息等，一旦获取到这些信息，我们就可以将这些项目信息整合到一块儿，提取有效的情报，为下一步销售策略的制定提供可靠的依据。但是，客户往往具有一定的警惕性，不愿意去透露一些关键或者敏感性信息，因为他们担心某些信息的泄露会影响到公司的运营以及个人的利益。在这种情况下，如果我们面对面直接去询问客户一些敏感的信息，那么吃闭门羹的可能性极大，不但获取不到有效信息，还会引起客户的反感。这个时候，讲故事的能力就要派上用场了。一定要把故事讲到客户心里去，在讲故事的过程中穿插抛出我们的问题，让客户认为我们提出的问题合情合理，然后在不知不觉中，给出真实的答案。

举个例子。一家公司生产手机外壳,你想要知道他们是给哪家公司生产手机外壳的,即终端客户是谁。假如你直接询问客户:"王工,请问您的手机壳是给哪个公司做的?"大多数情况下,客户可能会遮遮掩掩,回答说:"这个暂时不方便讲。"一旦客户委婉地回绝了你,千万不要对同样的问题穷追不舍,因为这会让客户感觉你一直在试图套取他的情报,引起不满。既然直接询问不好用,那我们就动用讲故事的能力和客户沟通。对于上述的情况,如果我们能够在询问之前添加一些故事,也许根本不用你直接问,客户也会告诉你答案。比如,我们这样开始对话:"王工,本次的检测项目我之前在另外一家公司做过类似的,效果很好,不过他们公司是给A公司做的。不同公司的一些检测要求是存在差异的,如果要求相同的话,我们可以直接用原来的方案来做,这样技术风险最低。但是如果检测要求存在一定差异的话,我们需要重新设计方案。所以,请问你们这次也是给A公司生产的手机壳吗?"听了你这番话,客户就很有可能顺着你的话直接说出他们终端客户,比如"不是的,我们这次不是给A做的,是给B做的"。

在上述沟通中,我们并没有开门见山的直接询问,而是着眼于项目本身,前期做一个充分的铺垫,让客户自己认为终端客户的信息对于项目的实施很重要,他自然会主动告诉我们。通过这个小例子,我们可以发现,通过故事性的沟通,获取关键信息会容易很多。

- **处理客户的棘手问题或者直接关系到双方利益的问题**
  在此,我们以客户预算为例来说明。

如果你直接询问"王工,你们本次项目的预算是多少",客户基本不会告诉你,或者告诉你"预算越低越好"等无意义的信息。因为客户也很清楚,一旦他把预算告诉你,你会参考预算做报价,存在更高报价的风险。这时,讲故事的沟通能力又要派上用场了。比如，我们可以这样来问："王工，我们这个产品价格挺高的，如果超过了你们的预算，项目估计也比较难进行下去。前期的所有评估就浪费了，意义不大。所以，请问你们的大概预算是多少，如果在预算之内，我们继续推进项目，万一成本高出很多，我只能想办法去给老板申请价格，尽量满足你们的项目需要。但是如果预算太低的话，我不敢保证能够申请到，所以希望你能给出一定的参考范围。"客户一听，说得的确有道理，一个准确的预算会关系到他自己的项目能否顺利进行下去。而且你一直在设身处地地为他考虑问题，他的防备心会降低很多。加上你前期的铺垫，他就很可能把他的预算告诉你。

对于客诉等棘手的问题，更需要通过讲故事让客户理解并信服。太过直接可能会导致语言摩擦，影响双方关系。

比如，某客户接到大单，需要大批量订购你的产品。但是由于数量太多，你无法按照客户纳期交货，遭到客户投诉。这个时候，如果你直接告诉客户："不好意思，你们订单量太大，我们短期生产不了这么多，所以没有办法交货。"客户听了后会做何感想？你难道在责怪客户下单太多吗？那么，等下次下单的时候，客户就很可能把订单给别人。所以，考虑到后续的合作，我们一定要审慎处理，多点故事，换一个解释的思路："不好意思，接到你们的订单后，为了满足贵司的要求，我们提出紧急预案。一是腾出一条专用产线加紧生产；二是把其他客户还不着急的订单库存全部先挪到贵司这边。但是由于本次订单量的确很大，即使两个方法同时使用，离贵司的采购数量还存在一定差距。不过，希望贵司能够多给出一些时间，我们会尽快全部交付给贵司。"

同样是告诉客户没有交货，核心的意思都是一样的，但是在解释的时候有没有加入"故事"，听起来完全不一样，这也可能带来不一样的结果。

既然"讲故事"那么重要，我们有没有什么简单可行的讲故事的思路和方法呢？通过上述三个简单的例子，我们可以总结出来：一是让客户感觉我们是在帮助他；二是让客户认为该信息对于项目本身有帮助。

"讲故事"存在于销售人员营业活动的方方面面，不但能让我们和客户之间的沟通更加舒服自然，还能加快推进项目进展，所以这种沟通能力是很重要的。但一定要注意的是，"讲故事"是建立在真实意思表达的基础上的。"讲故事"绝对不是"编瞎话"，坚决不可以欺骗客户。这一点一定要在头脑中时刻牢记，否则，连你自己都分不清真假，你还怎么能够获取客户的信任？

保持沟通的不紧迫感

不同销售人员的思想、性格不同，销售风格也不尽相同。当他们在和客户沟通时，使用的销售方式和营造的沟通气氛是不一样的。有的销售人员喜欢眉飞色舞，侃侃而谈，营造出活跃的沟通氛围；而有的销售人员则严肃正经，不动声色，营造出安静的对话气氛。从销售的角度看，我们没有严格的标准去评判哪种方式好或者哪种方式坏。但是，我们沟通的对象是客户，客户是我们的受众群体，所以评判一种方式是好还是坏，应该更多地站在客户的角度去考虑。好的沟通方法有很多，比如礼貌的用语，透彻的表达，清晰的思路等等，在这里，我们不谈方法，只谈一种沟通的感觉——不紧迫感。

乍一听，"不紧迫感"这个词语很陌生，这是一种什么样的感觉呢？主观的讲，不紧迫就是双方在沟通时，气氛轻松，节奏舒缓，没有压迫感和催促感。在这种情境下，客户和销售人员都处于放松的状态，在这种状态下，客户更愿意娓娓道来自己的需求，而销售人员也更容易提供有效的解决方案，这都有利于项目的深度沟通。在这种"不紧迫感"的氛围下，客户会"钻入"你营造的语境之中，顺着你的思路去考虑问题，这是一种既深入又舒服的感觉。

那么，有什么方法可以帮助我们建立不紧迫的沟通感觉呢？答案很简单，就是销售人员自己要保持一种不紧迫的感觉。所以，无论和客户电话沟通，还是现场拜访，在拿起客户电话前或者进入客户公司前，都要淡定一下心情，放平心态，找到不紧迫的感觉。

比如，很多销售人员每天的拜访任务很重，一天可能预约了六七家客户，所以时间安排比较紧迫。为了能够顺利完成一天的拜访任务，销售人员进入每家公司前的想法就是快速解决客户问题，然后迅速结束拜访。这种时间观念和效率观念是对的，应该褒奖。但是，如果在拜访的过程中，由于时间的紧迫造成了心态的紧迫感，进而使整个沟通气氛都充满紧张感，这就不值得鼓励了。要记住，时间效率和不紧迫感并不冲突。拜访的效率并不取决于你的语速有多快，你的演示速度有多快，而是在于你能否准确倾听客户的诉求，提出对应的解决方案。需求听准了，可能一步就可以搞定，需求听不准，来回多次沟通，这就造成了效率的低下。在拜访客户时，我们可以按照我们的拜访前规划的思路去介绍产品、了解诉求、解决问题，"三步走"，一步一台阶，有条不紊。客户顺着你的思路往下走，双方你一言我一语，沟通轻松而顺畅，方案刚好满足需求，高效的拜访就结束了。如果冒冒失失，很快结束拜访，由于问题没有沟通清楚，解决方案也存在瑕疵，后面还得为同一问题再次登门拜访，这才是低效的表现。记住，不要给问题留下尾巴。

不仅仅是日常的拜访沟通，当我们遇到客户的实际问题时，不紧迫感也显得尤为重要。比如，客户突然遇到了一个很棘手的问题，造成工厂停产。客户慌里慌张地打电话过来，希望你帮其解决问题。如果这个时候你的情绪被客户带走，紧张兮兮地前去客户现场解决问题，那么很可能无法圆满地完成任务。一方面由于紧迫感的影响，你自己的思路会变得混乱，无法切入重点；另一方面，当你给客户提供解决方案时，语言的描述也会出现模糊，造成沟通上的不便。

在这种情境下，我们首先平复一下心情，找回不紧迫的感觉，然后按照我们平日解决问题的思路一步一步将问题解决掉。通过这种方法，一方面，我们把这种"不紧迫感觉"传递给客户，让客户也平静下来，更清楚地描述问题，方便我们发现问题症结点；另一方面，心情平复了，我们的思路也就清晰了，这样才能更高效地解决客户的问题。

感觉这种东西，看不见，摸不着，需要通过长期的销售活动，一步一步地建立起来。而感觉的核心基础就是心态。所以，为了建立起不紧迫的感觉，我们首先要有一个平静的心态。就像好莱坞大片《功夫熊猫》里面，乌龟大师经常说的一个词语——Inner peace！

抓住关键人物的"心"

从项目的跟进流程看,从项目发生到项目结束,都会经过一个评估筛选的过程。在这个过程中,不同的关键人会把握不同的项目环节,所以我们跟进的对象也会不断发生变化。在项目的初始阶段,我们沟通更多的往往是职位相对不太高的工程师,等到项目需要决策的时候,沟通的对象就变成了公司的关键决策高层。公司的高层紧握项目的"生杀大权",具有"一剑封喉"的作用,所以,搞好和公司高层的关系是至关重要的。

公司高层一般事务比较繁忙,没有太多空余的时间频繁约访,尤其是一些大型公司的高层,可能一年都见不到几次面。这就需要我们珍惜和高层的见面机会,每次拜访见面一定要给客户留下良好的印象。如果你和客户初次见面,或者和高层交往不深,尚不熟悉,那通过什么方式可以让客户的高层认可你,甚至"喜欢"你呢?

从实践经验来看,做到下面三点就足以给客户高层留下好的印象:整洁的着装、谦虚的态度和丰富的行业知识。

- **整洁的着装**

一般而言,工程师的穿着相对比较随意,你拜访工程师时,他不太会过多关注你的着装。而公司高层不一样,他们的思维方式并非工程性的理科思维,而是偏向管理性的文科思维。再加上他们的职位身份,所以,他们不但会在意自己的穿着打扮,也会关注对方的着装。在商务谈判以及日常会面这种正式的场合,西装革履是必不可少的。因为这不但给人一种"很职业"的感觉,而且从着装可以表明你很重视本次会面。你重视客户,客户自然也重视你。

当你西装革履出现在客户的面前时,客户上下一打量,知道你是有备而来。所以在后续的沟通过程中,当客户回答你的问题时,会更加严谨,而不是随随便便地搪塞。我曾经拜访过一家国内大型电池厂商的副总,他每次都非常乐于和我会面。后面闲聊时,我询问其原因,他说:"你的着装就给人一种很干净、很专业的感觉,而不是随便的休闲装。所以,有项目我更喜欢先找你。"通过我和不同行业不同公司的高层沟通发现,他们普遍喜欢更加职业的着装。我们可以想象这样一种画面,假如你是一家大公司的老总,两个业务员前来拜访,一位领带皮鞋,西装革履,另一位牛仔球鞋,不修边幅,如果这个时候只能接见一位业务员,你会选谁呢?我想答案不言而喻。

·谦虚的态度

谦虚向来都是一种好的品质,面见客户高层时也不例外。也许每家公司高层经历有所不同,但是他们基本都有一个共同点:通过不懈的奋斗,从底层人员逐渐成长为高层管理者,他们心中多少会存在一定的优越感,他们会认为自己比其他人具有更多优势。这就是为什么,当我们开公司会议的时候,公司的高层作为领导者,更喜欢滔滔不绝地发表自己的言论。而且在他们心中,他们认为自己所说的都是对的。如果这个时候有人站起来反驳,他们的心里会有些不爽。既然大部分高层管理者都存在这种心态,当我们面见高层时,一定要秉持一种谦虚的态度,以请教和学习的心态和他聊天,不但自己能学到很多东西,客户也聊得开心爽快。但如果你在客户高层面前恃才傲物,夜郎自大,客户很快就会对你失去兴趣。举个实例,我曾经跟一个销售人员去拜访客户,由于销售人员经验不足,面见高层时生怕自己的专业性不足,所以在聊天时经常自吹自擂,显得自己很厉害。我坐在旁边不语,发现那位总裁很快就不怎么接话了,很明显,他已经对聊天没了兴趣。后来,我听总裁秘书给我讲,总裁对于这个业务员有些意见。因为这个业务员总是口若悬河,像是来教育总裁一样。听完后,我哭笑不得。因此,在实际的会面中,我们要保持谦虚的态度，多用一些礼貌用语，多一些真诚请教，不用急于发表自己的观点，先听听对方怎么说。

·丰富的行业知识

见面寒暄之后，聊天总要有些谈资。除了所谓的兴趣爱好、时间安排这些嘘寒问暖的客套话，怎样的聊天内容是最为有效呢？当然是基于客户所在行业的一些行业知识。在拜访公司高层之前，一定要有充足的行业知识储备。大到宏观布局，小到工艺细节，如果你能够充分掌握这些信息，双方就能在同一频道和同一层次上沟通，而不会出现聊天的"真空期"。客户发现通过聊天，你能带给他很多新鲜的东西，自然喜欢和你侃侃而谈。相反，如果你去了之后，聊什么都不清楚、不知道，他们就会认为你是个门外汉，根本就没有兴趣再和你聊下去，认为和你聊天就是在浪费他的时间。比如，我之前去拜访某家汽车制造商的总监，去之前就充分学习了汽车技术知识、行业布局以及比较前沿热门的"新能源"汽车等话题，也认真总结出了自己的一些看法。在客户的办公室聊天时，双方都聊得很开心。当会面结束后，总监对我说："好久没有聊得这么愉快了，有空常来。"丰富的行业知识是我们聊天的必备"神器"，它能让客户更喜欢和你沟通聊天。

如果我们喜欢一个人，就会主动靠近并为之付出一些东西。如果我们能够被客户喜欢，很多事情就变得更容易处理。更深一层，如果我们能够被客户的高层喜欢，那么什么事情就都好办了，一路绿灯前行。关键是要想办法，去思考如何让高层"喜欢"上你。在此，我列举了三个简单可行的方法，只要在实践中落实到位，平常多动动脑子，让客户高层"喜欢"你并不难办。

从客户的角度考虑问题

当我们去购买一个东西时,往往会考虑很多因素来决定是否购买。比如说:第一,品牌,我们买东西往往会先关注品牌;第二,性价比,这个东西的实用程度是怎么样的;第三,质量,它的使用期限是多少;第四,售后,物品的售后服务和三包政策。站在销售人员的角度看,客户作为我们的购买方,在采购某个产品之前肯定会经过一系列的心理比较,最终决定是否购买。"打倒你的对手前需要先了解对手。"同样,如果你想要客户购买你的产品,你必须站在客户的角度考虑问题,深入了解客户的想法,揣摩其心理活动,这样才能顺水推舟,制定有效的销售策略。在日常的营业活动中,我们要善于从客户的角度出发,去思考客户会怎么想问题。

之前碰到过很多销售人员,喜欢以自我为中心,习惯于从自己的角度看问题,无法了解客户的真实想法,从而错失了很多机会。

比如,某个销售人员负责的产品品类比较广,产品价格从1万到10万不等,价格差异较大。有一次拜访客户,客户打算购买该产品来保证生产质量,但是预算不过8000元。当销售人员报价时,直接报价1万多,嘴里还不停地讲:"不贵不贵。"客户表示该价格较高,希望销售人员能够降价到符合其预算的范围,这样项目才能进行下去。而销售人员呢,由于长期销售高金额的产品,养成了一种报价惯性,认为1万的价格并不高,所以坚持不降价。最后,客户无可奈何,只能考虑其他更便宜的方案。

以上事例中,站在销售人员的角度,也许价格并不高,但是站在客户的角度,价格已经超出了预算,显然过高了。如果这个时候,销售人员能站在客户的角度多考虑一下，将价格略微调低，争取到客户预算范围内，价格和客户的心理预期一拍即合，项目很快就能顺利下单，这是一个双赢的局面。

一个优秀的销售人员，一定会设身处地从客户的角度出发，模拟出客户的心理活动和思考脉络，做好提前预期，未雨绸缪。比如，某家生产线路板的公司希望购买一台显微镜来观察产品是否合格，但是一台显微镜售价30万，成本投入会比较大。客户到底会不会买呢？客户到底会想些什么呢？为了能够更快更准地拿到订单，我们需要思考客户心里在想什么，在犹豫什么，然后见招拆招，顺水推舟。比如，客户可能对于品质的提升水平持有疑虑，这个时候，我们可以做一份关于引入显微镜前后的品质差异，让客户充分意识到显微镜对于其品质提升的帮助；如果客户的想法是希望提升装备水平，我们就可以举出实例，让客户了解到引入显微镜对于接订单的重要性。我们可以告诉客户，某家公司通过引入显微镜等一系列的装备后，得到欧洲客户的认可，订单量猛增……总之，我们要了解客户所处的背景环境，基于理性和感性的思考，思客户之所思，想客户之所想，这样才能更好地解决客户问题，得到客户的认可。

很多销售人员虽然知道了解客户想法的重要性，但是由于长期从自我角度考虑问题的习惯，每当遇到问题时，只从个人的角度去考虑，往往考虑不周。那怎么才能逐步培养从客户的角度考虑问题的习惯呢？教大家一个小方法，每次思考项目的时候，多问自己一句：客户会怎么想；当和其他同事讨论项目的时候，多问一句：客户会怎么想。简单的一句话，却能引发对于客户想法的思考。久而久之，就能养成良好的思维习惯。

在实际的销售工作中，每个项目多花几分钟琢磨一下客户的想法，多从客户的角度考虑问题，你会发现，猜透客户的心思也没有那么难。

没有关心，就没有关系

在销售人员的日常经营活动中，接触到的最多的工作对象就是客户。但很多销售人员不知如何去更好地处理和客户的关系，比如一些销售人员完全公事公办，谈完项目就走人，和客户关系冷淡，仅仅在有工作的时候才能搭上话。这样冷冰冰的关系肯定不利于信息的深入沟通和项目的深度合作。那么，怎样做才能处理好和客户的关系呢？我们总结为一个字——爱，让客户体会到你对他的"爱"，让他真切感受到你对他的关怀。

对于一名销售人员而言，如果客户感受到了你对他的关怀，会心生感动，认可你这个人，信任感油然而生。随着双方关系的逐渐升温，项目进行的阻力逐渐减小、消失，拿单概率就会大大增加。不仅仅是在工作的层面拿下订单，"爱"能让你和客户结下深厚的友谊，当你碰到难处时，客户也会主动伸出援手。

"爱"是无声无息的，存在于大脑深处的感觉之中，销售人员怎样才能让"爱"贯穿于工作中呢？首先，要做到自己心中有"爱"。只有自己有了"爱"，才能让别人体会到你的关怀。在你的头脑中，不要老是急功近利地去想着业绩和奖金，放空一下头脑，装入一些"爱"的元素，从思想上做好准备。如果思想上准备好了，能够做到心中有爱，下一步就是把"爱"置于具体的销售行动中了。从销售的过程来看，我们可以从技术和生活两个层面来实施"爱"的方法。

首先是技术层面。作为一名销售工程师，我们的工作职责是给客户提供对应的解决方案和产品，协助解决客户问题。提案看似是一个很理性的解决问题的过程，不会存在"爱"这种感性的元素，但是，如果话术、行为得当，就可以让客户最直接地感受到"爱"。比如，我们在提案之前，先要经过一番研究，得到合适的方案。当我们拿着方案找到客户时，不一定直接就把最终的方案和盘托出。为了让客户了解到我们在方案上花的心思，我们可以把提出此方案的来龙去脉给客户娓娓道来，让他们体会到我们项目的关心。

举个例子，某客户生产汽车发动机，需要检测发动机组装是否合格。我们告诉客户："一开始我准备给您提出的是 A 方案，但是考虑到该方案的检测时间较长，而你们的检测数量较多，生产任务重，所以 A 方案虽然在技术上可以满足要求，但是不利于提升您的工作效率。所以，在 A 方案的基础上，我优化了方案，进而提出了 B 方案。B 方案不但技术上满足要求，而且检测效率明显改善，可以有效地减轻员工的工作压力。但是 B 方案也会存在一些问题，比如检测的成本会上升很多，可能会对您的改善预算造成一定的压力。基于此，我们将花费了很多时间的 B 方案也否定了。我们评估了好久，希望能提供一个既能提高检测效率，又不会有太大预算压力的方案。经过多轮磋商，我们 C 方案终于出炉了，希望能够对您有所帮助。"

在上面的例子中，我们没有开门见山，上来就直接告诉客户检测方案的结果。而是将我们思考和评估的过程告诉客户，客户会感觉到你一直站在他的角度替他考虑问题，理性的提案中充满了对于客户的关心，这是一份有"温度"的提案。面对这样的提案，如果你是客户，会不会心存感激，甚至是一丝丝小感动呢？相反，如果我们一见面就激情澎湃地把最终的 C 方案直接告诉客户，对于客户来讲，你只是提出了个方案而已，无法感受到你对于他的"关怀"。同样的工作，但是得到的客户感受却是不一样的。可见，对于一名销售，语言的描述是多么重要！

除了一些话术上的技巧，实际行动也很重要。举一个实际的例子，某家大型锂电池生产商在工艺改善上碰到了难题，解决不了的话会影响电池品质，问题很急迫。为了帮助客户快速彻底解决问题,我们直接调集多名技术骨干组成攻关小组,彻夜工作48小时,顺利帮客户解决了问题。客户心中的大石落地,很是感激,从此我们成了战略合作伙伴,双方共同进步发展。通过实实在在的行动,让客户体会到你对于他们的重视和关爱,客户也不会亏待你的。

其次,工作之余,在生活层面,多一些工作之外的嘘寒问暖,也是很好地表达"爱"的方式。比如,谈完工作后,询问一下客户近期的工作状况:"工作忙吗,加班多吗,平日运动吗,最近感冒有没有好啊……"这些日常的询问不显突兀又能很好地表现出关怀,何乐而不为?对于我们来讲,也许就是简简单单的一句话,但是对于客户来讲,这不仅仅是一句简单的问候,更体现出你对于他的关心。对于关心我们的人,我们总是会找机会报答他们的。

销售的工作不仅仅是技术,更是一门艺术。要想从技术升华为艺术,"爱"便是有效的助推剂。培养爱的意识,付出爱的行动,你会发现,在销售工作中,不仅仅有冰冷的销售数据和繁重的业绩压力,销售的世界充满了富有人性的爱。

对待客户需恭维与震慑同在

不同的销售人员有着不同的销售风格,所以,他们对待客户的态度也是不一样的,这一点可以从他们和客户交谈的语气、表情的状态看出来。比如,有的销售人员的风格是"公事公办",介绍完产品就闪人,介绍产品的过程中不带任何的情感,不会去深入了解客户的需求,更像是一个"产品大使"而不是销售。有的销售则灵活机动,深得客户的喜欢,和客户的交情很好。那么,对待客户,我们要有怎样的态度和技巧呢?是一味地恭维客户,搞好关系,还是太过强硬而让客户不爽?在此,我们仅提出两点对待客户的技巧:恭维和震慑。两种技巧看似相悖,实则不然,它们只不过使用的情形是不一样的,在销售实战中,要学会综合使用两种技巧,处理好客户关系。在日常的沟通过程中,我们可以多用一些恭维的技巧,而在一些分歧或者不利的时候,要适时地展现自己的力量,给客户一定的震慑。

什么叫恭维呢?中国有句古话,叫作"和气生财",就是指待人和善能招财进宝。从心理学来讲,我们更喜欢和那些脾气好、与人为善的人打交道,交朋友,因为这种人好说话,凡事都可以商量着来。从客户的角度来看,与"和气"的销售人员打交道,会减轻他们的心理压力,这样,他们能够更充分地表达自己的项目需求,不懂的地方可以随时提出来,销售人员也会不厌其烦地帮其解答,双方就会沟通的很充分,项目的把握性会更高。因此,一个真正优秀的销售人员,一定是一个有耐心、和和气气的人。相反,如果销售人员太过"硬气",客户一旦有什么低级的问题或者提出质疑,就拉高嗓门争论,这样的情况下,客户怎么可能会和你进行充分的沟通呢?所以,销售人员要保持"和气",在此基础上,适时、适度地恭维客户,让客户感到舒服,这对于加深双方的关系是大有裨益的。举个例子，在介绍产品原理的过程中，由于介绍的比较透彻，客户很快就明白了产品的工作原理。这个时候，你可以说一句"您的理解力很强，很多客户都要讲很久才明白"。看上去，你只是在陈述一个客观的事实，其实，这也是在从侧面恭维和表扬客户，客户心里一定会有优越感和愉悦感。再比如，有的客户有些"傲气"，你还没有介绍产品，他就开始根据自己的主观臆断去说你的产品如何如何，这个时候，如果你打断他的讲话，直接告诉他理解的不对，他肯定很不高兴。我们要避开这种直接的顶撞，而是顺水推舟，委婉地恭维下，比如"王工见多识广，这个产品和您之前接触的东西有一些相似的地方，但是作为新产品，还有很多地方不一样，我来给您简单介绍一下"。这样下来，一是表扬恭维了客户，二是引导客户听我们的介绍，这样的对话听起来就很舒服，客户就会静下来，认真听你的讲解。要注意的是，恭维不是逢迎拍马，不要显得太刻意，最重要的就是适时、适度。

恭维就好比是催化剂，能够让你和客户之间的关系发生化学反应，加快关系的建立，加强关系的深度。但是，任何事物都有双刃剑，恭维这个东西虽好，但是也存在瑕疵。问题点就是当涉及双方核心利益的时候，客户总是希望你能够先做出让步，以免自己的利益受到损失。客户之所以让你先让步，原因之一就是他见你平日里"点头哈腰"，应该很好说话，所以，当碰到这种利益分歧的时候，客户就会不自觉地强硬起来，认为你比较好"欺负"。比如，你刚刚卖出的产品，客户由于使用不当，造成产品损坏，按照公司规定，客户原因造成的损坏将由客户承担，公司不会免费更换。但是，客户却借用你和他的关系，步步紧逼，希望能够协助他做产品更换。这一点从心理学上也是可以理解的，因为日常的恭维会让客户产生一些优越感，认为自己的话语会很有分量，往往会高估自己。当碰到上述情形的时候，他们就喜欢用一些命令式的口吻提出更换的要求。这个时候，单纯地依靠恭维的话语已经起不到决定性的作用，因为这涉及双方的核心利益，都是需要掏真金白银的，所以，销售人员此时应该措辞严谨地表明自己的态度和底线，甚至可以用一些强有力的词汇来震慑客户，以免自己公司的利益受损。比如，你可以告知客户"公司都是按照规则走的，产品损坏的责任在于贵司，而不在我司，贵司应该主动承担这部分责任，这个真的无法更换，请理解"。当客户看到你明确而坚定的态度之后，心理状态就会稍微发生变化，变得不那么强硬，这样，他就不会轻易得寸进尺了。所以，当碰到一些棘手的状况时，一定要展示出自己的力量，不要给客户模棱两可的感觉，暧昧和妥协只会让客户更加肆无忌惮。我们震慑客户的目的是让客户看清楚你的原则和底线，让客户理解你的为难之处，短期内也许会冷却你和客户的关系，但是从长远来看，这会增强你和客户之间的默契，因为客户会更明白什么东西可以做，什么东西不能做。

恭维和震慑看似不相关，实则并行不悖，只是在不同的情况下对应不同的态度。在实际的销售工作中，我们既要恭维客户，取得良好的客户关系，又要在关键时候震慑客户，确保公司利益不受损害。要想拿捏准确，还需要在日常的项目跟进过程中不断地学习和体会。

平等交换条件，实现双赢

对于销售而言，会有大量的商务谈判的工作，比如谈价格、谈交期、谈售后服务等等。所谓谈判，本质上是双方博弈的过程。你和客户都希望能够尽可能地为自己一方争取更多的利益，这一点无可厚非，因为这是双方各自的职责所在。

凡是涉及利益的问题都不是小问题，面对这些商务谈判，面对这些纷繁复杂的利益关系，我们怎么去处理呢？介绍一个很有效的谈判方式——条件换条件。

在具体的商务谈判工作中，我发现了两种较为极端的情况，一种情况是一直在妥协，一种是一直很强硬。很多销售人员以"客户是上帝"作为自己的座右铭，这种服务客户的意识是非常好的，在各个方面都给予客户充分的帮助，配合客户完成大大小小的项目。但是在商务谈判中，就要小心行事了，也许你会把这种思维方式带入谈判中。在谈判的时候，考虑客户的满足度，尽量答应客户提到的要求，一直在妥协，这并不是好的处理方式。相反，有的销售人员则一直很强硬，面对客户提到的条件，直接不留情面地全部"怼"回去，客户提降价，销售不理睬；客户问货期，销售让其等着……这种强硬的销售方式尽管最大化了公司的利益，但是没有考虑客户的利益，不利于长期的合作。

所以，从长期合作的角度考虑，我们应该走"折中路线"，既不轻易妥协，也不盲目强硬，要以合作的态度做"温柔的谈判"，通过条件交换的方式，使双方的利益最大化。一般而言，在我们谈判的时候，都会抛出更有利于自己一方的条件，这是正常的谈判心理和做法。比如客户抛出了条件，这个时候，我们可以根据实际状况去评估是否能够接受，在可接受的情况下，我们顺势同时抛出条件，告知客户我们可以接受条件，但同时希望客户接受我们的条件。如果客户答应，那么，一次条件换条件的过程就完成了。举个简单的例子。

一家汽车生产商，之前采购过你的产品，采购经理约你过去做一些谈判：

客户："请问价格方面还能不能下调？"

销售："价格已经多次调整过，如果您每次的下单量在30套以上，我可以跟老板申请。"

客户："好啊，我这边增加下单量，你帮忙调整价格。"

销售："好的。"（第一次条件交换："数量"换"价格"）

客户："另外，你们的交期能不能短一些？"

销售："交期需要看客户的付款状况，现在双方是月结30天，如果能够预付款，我们可以将其提前一周。"

客户："这个我需要和老板商量一下。"

销售："好的。"（第二次条件交换："预付款"换"货期"）

客户："你们能够提供更好的售后服务吗？"

销售："可以的，不过售后对我们是有很多成本的。如果我们专门给贵司安排专人售后，您能否把相关项目交给我司做。"

客户："售后做得好，我们可以考虑。"

销售："好的。"（第三次条件交换："售后"换"项目"）

上面就是一个简单的谈判对话，简短的聊天之中，不知不觉包含了三次条件交换。当然，实际的销售谈判要比这复杂得多，但是，思路都是一样的。客户手中有些"条件资源"，我们手中也有些"条件资源"，我们可以做很多"一对一"的交换。条件交换是双方互利的过程，从上面的谈话来看，双方都得利：

客户得到了低廉的价格、快速的交期和售后服务，而公司得到了更多的销售量、更短的付款周期和更大的项目。为了方便自己在实际的谈判中能够熟练使用"条件换条件"的方法，我们可以先仔细思考一下，自己手中有哪些条件，可以换取客户的哪些条件。通过大量的自由组合，也许你会发现一个充满乐趣和神奇化学反应的世界。比如，我们简单列举如下，大家可以尝试其中哪一个条件换取另外的一个条件：

我们的条件	客户的条件
更低的价格	更多的采购量
更快的交期	更多的项目
更好的售前	及时付款
更好的售后	同行介绍推广
免费的配件更换	指定品牌
专人的技术支持	替换竞争对手
全球统一服务	提供准确购买计划
后付款	……

平时大家要加强总结，只要能够将各种"条件元素"烂熟于心，那么，在和客户谈判的过程中，就能够"兵来将挡，水来土掩"，潜移默化中抛出更多的条件，换取更多的利益。

从博弈论的角度看，条件交换其实是典型的博弈过程，我们可以从数学的角度来形象地展示该过程。参照下图：横轴代表客户利益，纵轴代表公司利益，完美的状态是大家的利益是对等的，"利益线"是一条倾角45度的直线，上面的每一个点，公司利益＝客户利益；然而实际的"利益线"则是一条弯曲的没有规律的曲线，公司利益＞或＜客户利益，双方不断谈判的过程，就是不断地将曲线"拉直"，让利益对等的过程。这是一个平等的时代,同样,在谈判的过程中,我们要保持平等的姿态对待客户,只有真诚合作,才能双赢!

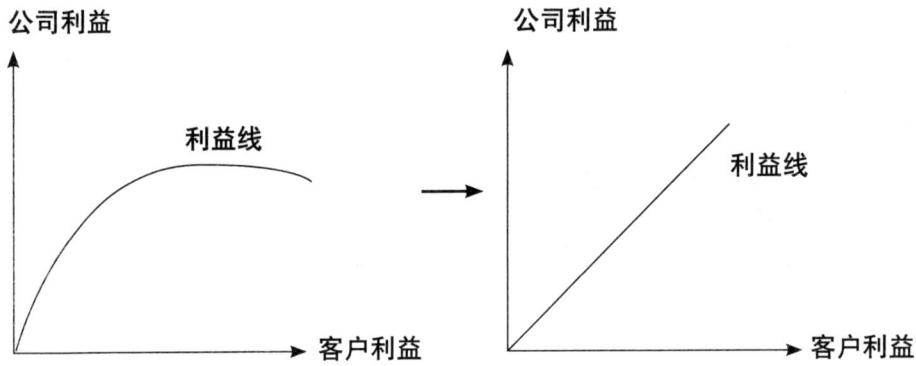

逾期欠款的处理方法

在销售活动中，销售人员除了介绍自己公司的产品之外，还要做很多商务谈判，比如价格谈判，货期谈判，合同条款谈判等工作，其中，付款方式是重要的谈判内容。总体来讲，付款方式有两种：款到发货和后付款。款到发货就是所谓的"一手交钱，一手交货"，客户付钱后我们发货；后付款就是我们先发货，和客户约定好一个付款时间支付款项。现在，越来越多的生产商要求和供应商用后付款的付款方式，主要原因有两点：一是下单后可以直接发货，缩减了付款流程，保证了更短的交期；二是延后付款，减轻暂时的资金压力。其实，从某种角度来讲，这种后付款的支付方式是把一部分资金压力或者风险转移到了供应商那边，由供应商来承担。

当客户出现逾期付款的状况后，很多供应商的担忧程度会增加，担心客户无法支付货款，造成经济损失。于是，供应商开始不断催款，或者采取断货等手段逼迫客户付款。采取这些应急手段势必会影响到双方的合作关系，不利于后续的合作。那么，从长远的角度考虑，面对逾期付款问题，我们该采取怎样的处理方式呢？总结来讲，我们可以采用"十六字"处理思路：保持合作，调查原因，分析风险，综合判断。对于这"十六字"的理解，我们简单解释如下：

保持合作：不管目前的付款状态是怎样的，在头脑中一定要有合作的意识。在沟通过程中一定要有合作的态度，不要因为客户逾期付款就咄咄逼人，动不动就指责客户。其实客户也不想延期付款，毕竟，合作才能共赢，大家才能赚钱，生意才能做长久。

调查原因：逾期付款不是问题，关键是要搞清楚客户逾期付款的真实原因是什么,这样才能为下一步的分析判断提供依据。而且原因要详细清楚,不能太笼统。

分析风险:对于供应商来讲,真正的担忧点在于客户的风险:货物不断发出,钱收不回来怎么办?钱收不回来的风险到底有多大?一旦风险分析清楚,我们就可以做决策了。

综合判断:有了以上一步一步的工作,我们就要综合当前风险大小、长期合作潜力、双方满意度等多方面做一个全面评估和判断。

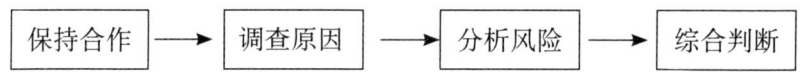

比如说,客户本来和我们公司采用的开票后30天付款的付款方式,按照约定,客户应该在我们公司开出发票后的30天之内支付款项,结果,客户在开票后的50天都没有支付款项,客户已经逾期20天。出现上述状况后,我们就可以按照我们的"十六字"思路去处理。首先,我们在和客户交涉沟通的过程中,不但自己始终有合作的意识,而且要在客户头脑中留下这样一种印象——"这个供应商合作态度很好,不是故意为难我们",当然这个需要良好的讲故事的能力,更为主要的是态度上要谦和。然后,就开始调查客户逾期的原因,我们发现这家公司为了进一步提升产能,投资了一个新的厂房,前期的土地基建、设备购买、人员招聘等耗资很大,造成短期内资金流紧张,入不敷出,所以无法按时支付逾期的款项。好了,搞清楚了原因,我们就去判断风险。客户原本资金充沛,只是投资原因造成短期内资金紧张,并不是恶意拖欠或者效益不好。所以未来的款项支付应该是没有大的问题的,只是会短期延迟,风险在可控范围内。而且,客户新厂一旦投产,产能增加,会有更多的合作机会,潜力很大。做完风险分析之后,我们就可以给出一个综合判断:可以开展进一步的合作。

上述实例中客户逾期的原因在于投资新厂，最终我们判断风险可控。但是如果我们换一个客户逾期原因，比如整体市场疲软，造成客户产品销售量大幅下滑，库存严重挤占了现金流，造成付款困难。这个时候我们再去评估风险，就会发现客户这边经营风险太大，因为市场往往在短期内难以迅速回暖，这就意味着客户的销售业绩短期内无法上升，也就没有足够的利润去支付供应商的货款。而且我们也无法准确判断市场的回暖时间，逾期可能遥遥无期，综合判断后，就需要谨慎考虑下一步的合作了。

从上面的例子可以看出，逾期原因不同，对应的方式也是不一样的。但是，要始终强调的一点，合作是大前提，在条件允许、风险可控的情况下，尽量去配合。有很多公司对逾期的处理方式太死板，一旦客户逾期就停止供货，考虑的只是自己的款项何时才能收回，而不管客户的真实经营状况，结果影响了客户的生产，降低了客户的满意度。很多时候，客户关系的处理和人与人关系的处理是很相像的，当朋友有困难时，出手拉一把，朋友肯定心怀感激，日后有所报答。同样，客户短期内在资金上碰到点困难，如果这个时候我们能够尽量去配合支持一下，客户也会铭记于心。如果哪一天他们发展得不错，比如成功上市，成了行业龙头等，你自然也会跟着客户一起成长。

逾期并不可怕，也不应该成为双方合作的绊脚石。对待逾期付款的情况，一定要灵活处理，市场千变万化，客户形形色色，有了"十六字"，逾期付款问题便能"兵来将挡，水来土掩"。

第五章

培养信息分析能力

任何事物都是由众多的信息点有机结合到一起构成的,销售也不例外。在这个信息集合中,我们要学会找出真正有效的信息,抓住了它们,你就抓住了整个集合。

找到关键人是完成订单的关键

有个词语叫作"事在人为",任何项目都是人在推动。从某种角度讲,跟"项目"其实就是跟"人"。很多销售人员在跟进项目的过程中,由于无法准确找到关键人,找不到有效的切入口,从而导致丢掉项目或者项目停滞。所以,找对找准项目背后的关键人是很重要的。在寻找关键人之前,我们先要明确这样一个问题:到底什么样的人算是关键人?是职位越高的人,还是权力越大的人?对于一名销售而言,关键人就是能够影响和决定采购走向的人。简单讲,就是这个人能影响你是否能够拿到本次订单。

既然关键人如此重要,那我们该如何寻找关键人呢?在此,我们提供两个寻找关键人的思路:"自下而上"和"自上而下"。"自下而上"就是从底层需求开始,经过层层领导审批,最后再采购的流程;"自上而下"就是直接从客户高层切入,由高层指示督导下层人员操作。通常来讲,"自下而上"是比较常见的物件跟进方法,在此,我们重点说明一下。

我们要清楚一个项目的采购流程具体是怎样的,这样才能有的放矢。所谓"自下而上"的方法就是按照常规的采购流程分部跟进,将采购流程分解为几个关键环节,并且找到每个环节的关键人,逐一攻略,直到拿到订单。通常来讲,采购流程如下:使用部门提出使用需求—寻找供应商确定型号—使用部门提单—采购询价—采购提单—中高层领导审核—采购下订单。以上就是较为常规的采购步骤,当然,不同公司的采购流程会有些差异,但是基本过程都是类似的。

了解到基本采购流程,我们就可以顺着这条路去寻找各个环节的关键人。可以想象到,在整个采购流程中,你需要和不同身份和职位的人打交道,比如一开始和需求方沟通,像是一线的生产部门或者品质部门等等,然后是和采购部门商务谈判,最后是中高层老板拍板商定等等。所以,对于"关键人",头脑中要有两点认识:一是一个项目会有多个关键人,不要片面地认为只有一个关键人;二是一个项目的不同阶段会有不同的关键人。这两点很好理解,因为按照采购流程,在一个项目中会有使用人、采购、高层等等,他们中的任何一个人的决定都有可能导致你无法拿到订单,所以你说他们是不是关键人呢?

基于以上的理解,我们寻找关键人的思路和方法就清晰了:在一个项目中要按照采购流程不断地跟进,寻找出不同采购阶段的关键人,各个击破!在"自下而上"的思路当中,顺序一般为需求方、采购方、审批方。我们需要攻略的对象就是每一个阶段的关键人。

在此,我们列举一个寻找关键人的例子。

背景:一家生产液晶面板的公司,需要采购一台显微镜做品质检测。

阶段1:需求方跟进。该公司的品质部门提出了采购需求,开始在市场寻找显微镜供应商。需求是整个项目的起始点,也是很关键的切入点。在这个阶段,我们需要明确找出具体是哪个人提出了检测要求,这个人就是我们要找的关键人。因为他直接决定了你的显微镜是否能够满足他们的技术要求,只有他点头认可了,才有可能进入下一步的采购流程。所以,这个时候,一定要密切跟进关键人,倾听其本质的需求,并且想尽办法在技术上满足他的需求。

阶段2:采购方跟进。一旦产品得到了需求方的认可,并且提单到采购方,下一步,采购人员就成了我们的关键人。这时,你也许会问,既然需求方已经决定使用我们的产品,这是板上钉钉的事情,难道采购方还能出什么"幺蛾子"吗?答案是,能。在采购方这边,主要存在两点风险:一是采购的确是购买了你公司的产品,但是采购渠道并没有通过你,而是绕过你,通过某些中间商或者其他贸易渠道,这时你就前功尽弃了;二是采购掌握着众多的供应商信息,如果采购了解到还有其他性价比更高的品牌，也许他会主动引入并且推荐给需求方，这时竞争对手就会介入，增加项目的不确定性。所以，这个阶段，要积极主动地和采购建立联系，保持良好的关系，及时知晓采购的询价、投标等信息，确保采购能够顺利提单。

阶段3：审批方跟进。一旦采购把采购的显微镜型号和价格报告上去，就到审批方审核了。审批方一般是中高层的管理人员，他们能够最终决定该项目是否通过，从而决定能否形成有效的订单。因此，这些中高层就是我们需要跟进的关键人。对于中高层，我们一般有两种跟进方式：一是直接取得联系，正面接触，了解领导们的真实想法，然后进行下一步动作；二是委托需求方协助跟进，通过需求方较为有利的汇报，在领导面前争取到更多的支持。不论采用哪一种方法，在这个阶段一定要谨慎，因为审批方考虑的因素会更多，更复杂，所以，我们销售人员也要勤于思考，积极对应。

以上就是一个简单的"三阶段"跟进流程。假如我们能够在每一个阶段都找准关键人，就掌握了整个项目的走向，采购进程自然会顺着往下走，项目的订单最终就会落入你的手里。

但是，如果你没有准确把握到关键人，项目就很有可能失败。比如很多销售人员从技术层面满足了需求方的要求，就单一地跟进需求方。当你每次询问需求方进展的时候，他们的答复是"已经报告上去了，应该差不多"。结果过了十天半个月，你再去询问，人家已经购买了，不过是从其他采购渠道买的，或者购买了其他品牌的。这就是没有分阶段跟紧关键人所导致的丢单的情况。在上述情况中，搞定需求方面的关键人，要及时地跟进下一个阶段的关键人，这样才能提高成功概率。

以上我们说明了寻找关键人的重要性和寻找的方法，这需要在实际的工作中不断实践、思考、总结。讲了这么多，简短一句话概括本文核心：根据采购流程，寻找不同阶段的关键人及时跟进！

了解项目背景

从信息学的角度看，一个项目，其实是一个"信息要素"的大集合。如果我们把一个项目剖解开来看，里面囊括了各种各样的信息，比如项目的技术要求，供应商的资质，项目完成的时间等等。如果我们能够将里面的每一个要素都把握到，那我们就100%掌握了项目，不会"跑单"。但是，一个人的时间和精力毕竟是有限的，很多时候，我们无法掌握每个项目的全部信息要素。这时，我们可以只掌握几个较为关键的信息要素。其中，最核心的要素就是要搞清楚项目的背景。

什么是背景？简单来讲，就是客户开展本次项目的动机是什么，换句话说，客户为什么要开展这个项目。背景之所以重要，是因为了解清楚背景，我们就知道了客户的真实动机，明确了客户的根本需求。一旦我们满足其需求，就有了拿订单的把握。因此，每个项目都要详细地确认项目背景，确认的思路是从最贴近客户的需求出发，一步一步挖掘出"核心点"，它是后面一切销售行为的信息基础。

为了更加真切直观地体会背景的重要性，在此，我们列举几个简单的例子来说明下。

一天，有家生产电机轴的公司找到了你，提出了检测电机轴长度的需求。这个时候，不要匆匆忙忙地从技术角度去解决客户问题，我们可以先多问一句"请问您为什么要做这个检测呢？"。客户告诉你，"公司的产品全部出口欧洲，欧洲客户对于产品尺寸有着严格要求。之前的产品没有做全部的检测，被他们发现了不合格品，造成了客诉和50万的罚款"。

客户的回复虽然不长，但是我们已经基本确认了项目的背景：客户遇到客诉，需要改善。而且客户本次的改善意愿一定很强烈，因为客诉一旦解决不了，就没有办法拿到欧洲客户的新订单，这是很大的损失。确认到项目背景，我们就了解到了客户改善的真实动机。只要我们的产品在技术上满足要求，价格上对应预算，客户下单的可能性会很大。确认背景要素并不困难，销售人员在头脑中要始终有确认背景的意识，主动引导客户说出项目的背景。

再比如，有家生产手机摄像头的公司，提出了采购图像检测系统的需求，他们需要检测摄像头的瑕疵。同样，我们事先做一个背景确认："您好，瑕疵的检测技术难度是很大的，请问您为什么一定要做这次检测呢？"客户回复说："本次和政府合作建立新厂，双方共同出资，打造一个国内一流的示范产线，产线的品质要求很高，所以需要采购一些图像检测系统，争取做到100%的合格率。"

怎么样，确认到项目背景了吗？这个项目背景很明确：政府背景，高品质示范产线。首先，这是双方共同出资，又有政府背景，所以项目资金没有问题。另外，产品的品质要求很高，如果没有图像检测系统，技术上做不到100%的合格率。所以，客户既有钱，又有很高的技术要求，购买意愿很强烈。根据这些背景信息，我们就可以制定我们的销售思路：为客户提供性能优越的高附加值的产品型号。从这个小例子可以看出，确认了背景，我们就能做到心中有数，提前制定好销售策略。

我们再看一个例子。一家公司找到你，要做自动化改善，可能会大量使用到你的产品。听到这个消息，你感觉大单要来了，连忙登门拜访。询问客户背景后，客户说："现在国家提倡工业4.0，公司高层也有这方面的打算，希望先做一个前期的评估，看一下可行性如何。"

本次项目的背景也很简单：响应国家号召，从长远考虑，为后续自动化改善做准备。通过本次背景的确认，我们发现客户并没有十分明确的购买需求，只是提出了一个前期规划，所以购买时间不太好确定，起码短期内该客户不会有业绩产生。根据已有的背景信息，我们可以不用那么着急地去跟进项目，前期和客户建立好关系，经常发送些产品资料，等到项目启动时，客户就会找到你。

通过上面三个简单的例子，我们发现，通过确认背景，我们可以了解到项目展开的初衷，搞清楚项目的来龙去脉，进而挖掘出客户最根本的需求。所以说，背景对于一个项目的判断是很重要的。当我们在和客户沟通时，头脑中一定要建立确认背景的意识，多问一句"为什么要开展本次项目"，这样在跟进项目时才会有方向感。最后，重要的事情说三遍：背景，背景，背景。

了解客户公司的组织结构

公司是一种组织，每个人在这个组织里担任不同的职务，行使不同的权力。随着公司的成长，员工会越来越多，公司的组织结构也会越来越庞大。组织结构是组织的全体成员为实现组织目标，在管理工作中进行分工协作，在职务范围、责任、权力方面所形成的结构体系，其本质是为实现组织的战略目标而采取的一种分工协作体系。从销售的角度来看，一家公司的组织结构，可以简化为"两张图"：一是关键部门和关键人的"分布图"；二是购买流程的"顺序图"。搞清楚一家公司的组织结构，就搞清楚了一家公司内部运作的基本流程，摸清了关键人员的岗位分布，为下一步业务的开展提供了很大的便利。

不同类型公司的业务领域不同，他们的组织结构也不尽相同。比如一家生产型的企业，其组织结构表中更多的是研发部、生产部、品质部等部门；而一家贸易型的企业，更多的是销售部、营销部、运营部等部门。除了公司类型之外，不同规模的公司，组织结构也大有不同。小公司人数少，部门种类没有那么多，结构比较简单；大公司的组织结构则相对庞杂，而且公司越大，关系越多，越难梳理。

尽管整理客户的组织结构是一项麻烦的工作，但是掌握它还是很必要的。从销售人员的角度来看，一旦掌握了一家公司的组织结构，每当提起这家公司时，就会在头脑中形成清楚的结构划分，比如这家公司的业务范围、每个部门的业务职责、部门与部门之间的关联等等。当有了具体的合作项目时，我们就能搞清楚这个项目是来源于哪个部门的、这个部门谁说了算、下一步由哪个上级部门审批等信息。这样在跟进项目时就能够抓准节拍，有的放矢。

比如，我们以锂电池公司为例，来说明组织结构对于跟进项目的作用。该公司的电池事业部近期有一个检测手机锂电池体积的项目，需要你提供一个解决方案。假如你不清楚该公司的组织结构，整理了一个可行的方案报给了客户，长时间都没有得到客户的回复。为了搞清楚项目的进展状况，你多次电话过去联络，对方答复，"已经报上去了，还在审核"，这种情况下，你也只有无奈的等待。

但是，如果我们之前就搞清楚了客户的组织结构，了解了公司的内部运作流程，在跟进项目时，就能见缝插针，游刃有余。

我们了解到，电池事业部的改善工作，都是先由3C及智能硬件部交给自动化事业部做具体的方案评估，再由自动化事业部将方案、预算等信息反馈给电池事业部，如果确认没有问题，就会提交总裁审核。审核通过后，由电池事业部提供改善资金，采购部门下单采购零部件，自动化事业部着手进行现场改善。搞清楚了这套结构和流程，我们就可以进一步分析项目的状况：尽管我们之前把方案给了电池事业部，但是方案的决定权还在自动化事业部那里。明白了这一点，我们要主动联络到自动化事业部，询问方案的进展状况，确保方案顺利通过。一旦方案通过，我们回过头来再次跟进电池事业部，了解其项目下一步提交到总裁审核的时间。在总裁审核的过程中，利用这段时间我们可以提前和采购部建立联系，确保采购渠道的畅通。只要总裁审批通过，采购部门自然就会找到你，进一步商讨价格等事宜，双方达成共识后，订单就到手了。

从上面可以看出，如果搞不清楚公司的组织结构，你就看不清项目的真正进展，对于很多项目你就只能被动地等待。而一旦掌握了该公司的组织结构，我们就能够按照其内部的处理流程实时跟进项目，实时排除项目阻碍，主动出击，确保项目顺利到手。

既然公司的组织结构很重要，我们该如何去整理一家公司的组织结构呢？可以"两步走"来建立公司的组织结构：第一步，先建立公司整体组织框架；第二步，在框架里面添加关键联系人。首先是整体框架的建立，一般而言，很多公司都会在其公司主页上说明其组织架构，这是最方便的建立框架的方法。当然，公司是不断发展的，组织架构也会出现动态的变化。所以，在和客户沟通的过程中，多了解其架构的变化，在原有框架的基础上，实时修正。仅仅是组织框架还不行，还得有关键人。我们要在组织框架的里面，添加每个部门的关键联系人。这项工作不是一蹴而就的，而是需要通过不断的电话联络、拜访沟通等销售活动去逐步建立，慢慢去完善。

"一图在手，公司我有"。对于一名销售人员，一份组织结构图就是一个攻略客户的利器。"工欲善其事，必先利其器"，多花些时间去思考和整理客户的组织结构，你才能在整理的过程中，更深入地了解客户的内部组织关系和内部人际关系。把这些东西都摸透了，项目订单才更有可能攥在你的手里。

学会辨别客户提供的信息

从信息经济学的角度看，销售的过程其实是"信息不对称"的典型体现。所谓"信息不对称"，是指在市场经济活动中，各类人员对有关信息的了解是有差异的。掌握信息比较充分的人员，往往处于比较有利的地位；而信息贫乏的人员，则处于比较不利的地位。在销售的过程中，信息对于项目的跟进是至关重要的，在产品差异性不大的情况下，谁掌握的信息越多，谁的胜算就越大。比如，当你全面掌握了客户预算、项目时间、竞争对手价格、审批关键人等信息后，就能以这些信息为基础，有针对性地制定销售策略，各个击破，获取订单。比如说，当你知道了客户预算，在报价的时候可以尽量不要超过客户的预算上限；当你知道了项目时间，可以找准切入项目的时机；当你知道了竞争对手的价格，可以在报价上多下点工夫；当你知道了审批关键人，可以多在这个人身上想想办法……

既然信息那么重要，那么信息从哪里来呢？我们可以有多种渠道获取项目信息，比如公开的网络资源，客户标书等，但最为重要和最为有效的渠道，还是通过和客户的交流沟通。通过交流沟通，我们可以直接获取项目的一手信息，而且很多信息是不方便公开的，你无法通过一些公开渠道去查询相关信息，客户提供的信息会有更多的"干货"。但是，不要天真地认为，客户提供的所有信息都是对的。客户信息有可能会存在误导性的错误信息，一旦某些关键信息出现错误，必然会影响到整个项目的跟进。所以，我们除了从客户那边获取更多的情报信息，还要学会辨别信息，去伪存真，发现准确和有效的信息。

客户的信息为什么会存在错误？原因可以大概分为两类。一是客户故意发布一些误导性的信息，以有利于自己公司的利益。比如故意说项目的预算很低，以压低供应商的价格；比如虚构自己的使用量，期待获取更多的项目支持等等。二是客户本身不知道自己掌握的信息是错误的，结果"以讹传讹"，继续传播。比如公司的一些一线工程师只是了解项目的"冰山一角"，对于整体项目的情况并不清楚，他的信息来源也只是"听说"。如果他听说的信息是错误的，那么他告诉你的信息自然也是错误的。

信息自身不会贴上正确还是错误的标签，这就需要我们用慧眼去辨别客户提供的信息。至于辨别的方法，可以归结为：尽可能多的获取信息，回归常识，用理性去思考背后的逻辑，判断信息的正误。只有获取的信息多了，我们才能从中提取到更多的信息点。通过这些信息点的逻辑关联和相互佐证的关系，去判断信息的准确性。

在此，我们列举一个简单的例子。

有家客户找到你，要做工艺改善，并直接告诉你，这次的改善预算大概10万元左右。听起来客户很实在，直接将预算这项关键信息告诉了你。但是，这个时候要审慎对待，因为一般来讲，很多关键信息客户不会轻易脱口而出的。我们要继续挖掘其他信息，判断支撑这个信息点的正确性。通过和客户沟通，你了解到，客户的出口产品由于质量问题遭到投诉，造成了退货，直接经济损失50万元。经过分析，主要是工艺方面存在问题，造成产品品质不佳，所以客户希望尽快完成这次改善。

那么，我们的问题来了，如果客户不做改善，极有可能因再次出现产品问题而造成退货，又会有50万元的经济损失。所以，从经济学的角度看，只要本次的改善成本低于50万元，对于客户来讲，都是"赚"的。那么，客户提出的"预算大概10万元"是否是正确的呢？这"10万元"预算的根据又是什么呢？会不会存在故意报低预算而压你报价的情况呢？顺着这个思路，我们可以一步步去核实这些信息的正确性，继而得出客观准确的结论。我们通过获取更多的其他信息，经过一些基本的理性思考和判断，就能够有理有据的针对信息的正确性提出质疑。假如我们的质疑是正确的，在本次项目中，后面的报价可以考虑更高一些，这样才能给公司带来更高的附加价值。

再比如，在跟进某个项目的过程中，有竞争对手介入进来。客户提出，尽管你的产品有一定的技术优势，但是你的产品价格比其他品牌的价格高出一倍。其他的品牌尽管技术稍稍落后，但同样可以满足本次项目的要求。所以，从成本考虑，本次项目有可能考虑其他品牌的产品。面对这种竞争的"威胁"，我们暂时按兵不动，先按部就班地判断一下信息的正确性。首先是竞争对手的价格问题。从你的经验判断，你的产品价格的确比其他品牌价格高些，但是不至于高出一倍，所以客户有故意比价，希望压低价格的嫌疑；然后是性能问题，如果竞争对手能达到要求，成本又低，直接购买竞争对手的产品不就好了吗，为何还要透露一些竞争对手的信息给你？说明两点，一是客户还是很青睐我们产品的技术优势，竞争对手可能在某些方面还是无法满足项目要求，但是客户故意隐藏了这方面的信息；二是客户认可我们的品牌，购买我们产品的意愿还是较为强烈的。做完上述分析后，我们可以带着问题点继续挖掘相关信息，去伪存真，给出更为合理的价格，而不是匆忙降价。

正确的数据和信息，可以指导我们制定正确的策略和方法；而错误的数据和信息，则会误导我们的策略方向，造成不必要的损失。因此，对于所有的关键信息，一定要通过理性的逻辑去做筛选和判断。在实际的销售工作中，不断去甄别，练就出自己的"火眼金睛"。

用销售思维分析销售数据

在"大数据"时代,数据是我们行走在商业社会的利器。通过数据,我们可以洞察市场规律,摸清市场走向,跟着市场的大风大潮前行。我们可以用数据量化人们的行为,也可以用数据量化工作的关键指标。在销售的过程中,要经常分析和使用数据。比如,很多公司经常每个月、每个季度或者每年分析销售数据,希望能够为下一步的销售工作提供数字依据。数据其实是非常宝贵的商业资源,开发好这座"数据金矿",能够为你带来源源不断的利益。那么,作为销售人员,我们该如何更好地分析销售数据呢?

在分析数据之前,首先,我们要明确分析数据的目的是希望通过以往的销售数据,总结出销售的规律,找出不足之处,进而制定相关的策略,创造更好的销售业绩。

有了数据,我们就要做分析,数据和数据分析是两回事。如果数据是工具,那么数据分析就是使用工具的人。人"笨"了,再好的工具也是浪费。所以,如果能够使用好工具,就能产生很大的经济效益;使用不好,不但会造成资源浪费,还会影响下一步的销售策略。

在实际的工作中,我们发现,很多人在数据分析上存在很大的问题。比如,他们往往脱离了市场的逻辑,仅仅是通过一些简单的数据,加上一些看似正确的数理逻辑推理,从中得到一些结论,然后沉迷其中,肆意评论。这些所谓的结论,对于下一步的销售策略分析是没有任何实质帮助的,有时还会造成不利的影响。

比如,有的公司会规定拜访数量的指标。如果从数据层面来看,上个月的拜访数量50家,这个月的拜访数量下降到了40家,并且业绩也比上个月有所下滑。根据这些数据，有的管理人员就在分析数据后得出了结论：你的拜访量减少很多，从而造成业绩下滑，所以你的下一步的策略是增加拜访数量。

乍一听，好像很有道理，有理有据，很有逻辑性，但实则不然。那么，漏洞出现在什么地方？在管理人员的头脑中，下意识地认为拜访量和业绩结果有着明显的因果关系，拜访量越多，业绩就越高，拜访量越少，业绩就越低……其实，这是一种思维误区，他把一种较弱的关联关系理解成了很强的因果关系，思路出了问题，得出的结论肯定也是有问题的。我们的终极目标是业绩，不是为了数量而去做"数量"，更不要让自己迷失在数据的海洋里，看不清前进的方向。

记住，要以市场化的思维去分析数据，永远不要用简单的数理逻辑和不成文的感觉逻辑去分析数据。比如说，上文的例子中，销售员的拜访量减少，我们可以去分析，为什么这个月的拜访量会减少。经过分析后发现，原来有个大项目占用了两天的时间，造成拜访数量减少。同时，尽管大项目占用了很多精力，但是由于竞争对手的介入，造成大项目失败，没有中标，所以本月业绩也下降了很多。经过这么一分析，"真相"就逐步浮出水面了：并不是拜访数量减少导致了业绩的减少，而是大项目占用了太多的精力，而且又竞争失败，导致了业绩下滑。了解到"真相"后，我们要关注的是这个大项目失败的原因。通过了解，我们得知主要是业务人员在应对竞争对手时出现了问题，导致订单流失。所以，后面的销售策略应该是提升业务人员PK竞争对手的能力，而不是简单的提升拜访数量。水平高的销售人员善于运用市场和销售的思维，透过数据分析事情的本质，得到有价值的结论和销售策略，而水平一般的销售人员只会浅层次地玩弄些"没用的"数据，得出误导性的结论。

数据分析并不难，只要我们能够掌握全面、客观、真实的数据，加上你的销售思维，就能很充分的分析销售数据。作为销售人员，我们要逐步培养市场化、销售性的思维，摒弃简单的数理逻辑思维。要知道，市场是充满风险和不确定性的，永远不存在那么多简单不变的定律。

深度挖掘客户信息

我们身处于信息社会，各行各业都在强调信息的重要性，对于销售而言，更是如此。我们可以想一下，对于研发和生产环节，他们面向的对象是产品，为了能够做出好的产品，需要他们反复研究产品本身的状况，并做出反馈。而销售面向的对象是客户，要想拿到更多的订单，卖出更高的价格，你需要尽可能多的从客户身上获取信息。根据多年的销售经验，我们发现，同一个项目，销售人员获取的信息点越多，项目成功的概率就越大，呈现出较为明显的正相关关系。作为一名销售人员，一定要深入挖掘客户的信息，只有深挖"信息井"，才有更大把握拿到订单。

我们很多的销售人员，仅仅是能够做到"获取信息"，但是要做到"深入获取信息"这一步，做得还不够。在此，我们举个例子，希望能给大家一些启发。

项目的背景是，客户生产汽车玻璃，品质部门发现有很多瑕疵品流出，不良率较高，联络我们的业务人员希望能够得到相关的解决方案。于是，公司先后派出了两位销售人员，他们的对话如下：

销售人员A：

A：请问目前出货的不良率是多少？希望降低到多少以下？

客户：目前不良率3%，希望降到1%以下。

A：之前使用什么方法检测的呢？

客户：之前使用人眼观察，漏检率过高。

A：是这样的，人看久了总会疲惫，可以考虑我们的智能相机检查方案，我给您介绍下……

客户：这样挺好的，回去后你给我报个价吧。

A：好的，我回去发送报价单给您，谢谢。

销售人员B：

B：请问目前出货的不良率是多少？希望降低到多少以下？

客户：目前不良率3%，希望降到1%以下。

B：之前使用什么方法检测的呢？

客户：之前使用人眼观察，漏检率过高。

B：嗯，人眼观察总会有疏忽。为什么贵司做了这么久了，这才想起来做改善？

客户：因为近期有个大客户投诉了我们，我们被罚款100万元，所以老板下令必须改善。

B：你们每天产量多少，现在有多少个工人在线上检查？

客户：每天产量1万片玻璃，目前有20个工人，每人每天大约检查500片。

B：喔，生产节奏比较紧。这样，我来介绍下我们的方案……

客户：挺好的，回去后给我报个价吧。

B：好的，我回去发送给您。请问大概什么时间要做改善呢？

客户：月底之前方案必须出来。

以上是两个销售人员不同的交流过程，你认为哪一个挖掘的更为深入呢？不言而喻，当然是销售人员B。

我们可以想象，拜访结束后，两个销售人员回去报价，领导问了同样的问题："你打算怎么报价？"销售人员A想了半天，说："他们也没有其他的解决方法，就按照市场价格来报吧，50万元。" 而销售人员B思考了一下，说："首先这是他们老板下令改善的，一定会做。至于报价，这次他们被罚款100万元。如果下次还有同样状况发生，还会被罚100万元。如果我们的方案能帮助他们改善问题,我们高价卖个 100 万元又何妨?再者,他们产线有 20 个人检查,按照每人每月 3000 元的工资计算,每月的检查成本就 20×3000=60000(元),一年就 60000×12=720000(元),我们报个 100 万元,他们 1 年多就能收回成本。所以我认为我们的方案卖个 100 万元没问题。"

同样的项目,销售人员 A,由于获取的信息点少,后期在跟进项目的时候往往缺少根据,比较被动;而销售人员 B,由于前期获取了更多的信息,所以在讲述时有理有据,项目完全被其掌握于手中。这就是浅尝辄止和深入挖掘的区别。我们再回过头去看两者的对话,你会发现销售人员 B 并没有比销售人员 A 多聊多少,也就多问了两句话而已,但是获得的信息却明显增加了很多,这就给了我们一个启示:获取更多的信息点并不困难,也许只有"几句话之遥",关键是要能有意识地去询问。因此,要想挖掘出更多的信息,我们要培养这种问题意识,在意识的带领下,配合一些循序渐进的询问方法,就能够挖掘出有效的信息。

信息挖掘是否透彻,有一个简单的评估标准,就是当别人问你整个项目的时候,你能够不带卡顿地描述出整个项目的来龙去脉,切中项目的关键点,以及你的对策。这就说明你已经得到了足够多的信息,完全掌控了整个项目。但是如果别人问你的时候,你思考良久,吞吞吐吐说不出什么,那就说明你掌握的信息太少,丢失项目的风险很大。

打井人挖掘的不深入,是永远看不到水的。跟进项目也一样,项目"信息井"挖掘的不深入,你是无法稳稳地拿到项目的。对于项目信息的挖掘,一定要有决心和耐心,发扬锲而不舍的精神,直到甘泉喷涌而出,必会苦尽甘来。

分析话语背后的信息

在跟进项目的过程中,为了实时掌握项目的最新进展,销售人员会打电话给客户,询问项目的状况。很多时候,当我们询问时,客户经常会提到这样一句话:"我们正在评估中……"这是一句再简单、再平常不过的话了。通常,很多销售人员听完这句话后,往往也附和一句:"好的,您先评估,后面有事情您找我……"然后就被挂断了电话。

一名优秀的销售人员,是要讲究销售活动质量和工作效率的。每一通电话、每一个拜访结束后,到底得到了哪些有效的信息,然后根据这些信息,下一步要采取哪些有效的行动。如果从这个角度去评估上述的电话活动,你认为这通电话有意义吗?一个活动有没有意义,我们可以采用两个"有利于"的标准来评估:是否有利于得到有效的信息,是否有利于采取有效的行动。这两个"有利于"是一个递进的关系,先得到信息,然后采取行动。按照这个标准,我们来分析,在这通电话中,我们只是知道客户还在评估项目的过程中,仅此而已,好像没有什么非常有效的信息;另外,当挂断电话后,也无法采取针对性的有效行动,只能再次等待客户的再次联络。所以,一没有效信息,二没有效行动,上述的电话活动是没有太大意义的。

发现了问题,我们就要考虑去改善。那怎样才能使销售活动更加有效率呢?方法就是紧紧抓住客户的话柄,穷追不舍,深挖话语背后的东西。很多时候,也许多问一句话,事情就会由浅入深,出现转机。比如,在第一段的对话中,当客户说完"我们正在评估中……"后,不要轻易挂断电话,我们可以顺着客户的话多问几句:"请问现在评估到哪一步了?""技术评估通过了没有?""现在是在评估项目成本吗?"……当你抛出了新的问题,客户就会顺着你的问题说出更多的项目信息。但要注意的是，我们不是随随便便地提问，问题的内容一定要有针对性。比如，像我们问的那三个问题，之所以这样去问，是因为这与项目的评估流程是息息相关的。一般而言，所谓项目评估，无非就是技术评估和投入产出的评估，即技术方面是否具有可行性，以及项目实施后能带来多少收益。而且，不同公司的评估流程还不太一样，比如有的公司需要各个相关部门落实签字，有的只需要关键工程师就可以确定，而有的则需要大老板才能拍板决定……评估流程不一而足。因此，如果客户仅仅告诉你"项目还在评估中"，你根本不知道到底评估到哪一步了，只知道"项目还在跑流程"这种没有太大意义的信息。挂断电话后，你只能守株待兔，听天由命。也许，再过几天当你打电话过去，客户答复你"我们已经评估完了，你们的方案没有通过"。如果真到那个时候，可就为时已晚，难有回天之力了。因此，追踪项目一定要未雨绸缪，在评估的过程中，及时确认到每个评估环节和真实的进展，然后主动出击，出现问题立即解决，确保项目的顺利进行。

举个例子，当我们询问客户后，客户说"我们正在评估中……"，然后，你再次询问："请问在目前的评估中有什么问题吗？"客户回答说："你们的某项技术指标好像不如另外一家……"按照你之前掌握的资料，你的产品技术优势应该是大于竞争对手的，怎么会出现"技术指标不如另外一家"的情况呢？带着这样的疑问，你仔细地询问客户。原来，你发现在具体的评估过程中，两个不同品牌的评估测试环境是不一样的，而客户并没有意识到环境对于产品性能的重要影响，造成你的某项技术指标落后于竞争对手。确认到这个信息后，你应该立即联络客户，首先说明测试环境的重要性，让客户从意识上认识到位，然后再要求客户重新做一次测试，确保评估的公平性和准确性。听到你的异议后，客户重新测试，才发现该技术指标的确不输竞争对手，从而避免了你的产品背上不必要的"黑锅"。

顺着客户的话语，我们一步一步去挖掘有效的信息，发现问题及时处理，降低了竞争的风险。假如当初你听到客户说"正在评估中"后，没有多问几句，没有去深究，很可能会被竞争对手击败，错失一次拿订单的机会。要知道，很多时候，机会只有一次，而且是转瞬即逝的。

通过上面的例子，我们可以体会到深挖客户信息的重要性。在和客户沟通的过程中，一定要善于并且敢于去挖掘客户话语背后的东西。很多销售人员的沟通太流于形式，缺乏思考，和客户聊了大半天并没有得到太多有效的信息。而一个优秀的销售人员，看似在漫不经心的聊天，但是不经意间就得到了很多有效的信息，正所谓"无心插柳柳成荫"。从心理学的角度来看，双方在沟通的过程中，有时会下意识地保留一些关键或者保密的信息，而这部分信息对于项目本身是至关重要的。因此，学会从话语中提取这些信息可以说是一种很优秀的"情报收集"能力。

那如何提高这方面的能力呢？我们可以使用"三步走"的方法：第一，仔细倾听客户的话语；第二，努力思考，从话语中挖掘信息；第三，引导客户说出更多的话，挖掘更多的信息……三步层层递进，周而复始。这三步其实有很强的逻辑关系，如果你想发掘信息，首先要听懂客户说了什么，所以第一步要仔细倾听。如果只是单纯地听，而缺乏思考，即使存在"含金量"的信息，可能也就错过去了，所以，要边听边去挖掘话语背后的信息。然后在前两步的基础上，尝试引导客户说出更多的话，寻找出更多有用的信息。

我们常常说，冰冻三尺，非一日之寒。大家需要在日常销售的过程中多思考，不断提高自己的信息挖掘能力，从而提高自己的工作效率。讲了这么多，当客户下一次再次说"我们正在评估中……"的时候，我想你应该该知道怎么去应对了吧。

第六章

态度决定一切

一个人的态度决定了他的行为方式,而一个人的行为方式会影响事物的发展和结果。对于销售人员,良好的态度是制胜的关键。

不要把精力放在给好处上

中国社会是一个人情社会，讲究礼尚往来。尤其在很多企业对企业的销售活动中，经常出现"给好处"的现象。所谓给好处，就是当销售人员作为供应商把产品卖给客户后，需要给予客户一定比例的好处费作为回报。其目的主要有两个：一是保证本次项目的顺利进行，通过给予一定的物质金钱建立利益关系，确保本次项目能够拿单；二是维持良好的合作关系，所谓"有钱大家一起赚"，后面再有项目时能够相互支持。

给好处现象普遍存在于各种商务活动中，很多情况下，好处送对了人，的确能够达到事半功倍的效果，是重要的营销手段之一。但"送好处"的商务风气一旦形成，大家就会认为给客户好处是必须要做的事情，不给好处就做不成生意。身处复杂多变的市场中，很多销售人员也会受到这种"好处风气"的影响，头脑中形成这种"必送好处"的思维方式。一旦这种想法在他心里"生根发芽"，那么，在他的日常销售活动中，就容易浮于所谓的人情往来，而忽视了项目背后的本质需求，这反而使项目复杂化。我们先抛开一些世俗的观念，静下心来仔细想一想：给好处真的那么重要吗？

某项动作重不重要主要看动作的目的是什么，如果该动作对于目的是有重要帮助的，那么这就是一个必须的动作；如果该动作所对于目的影响很小，可有可无，这就不是一个必要的动作。那么，我们思考一下，给好处费这项动作的目的是什么呢？是希望能够拿到项目订单。那么，这个动作对于"拿单"目的是很重要的吗？在此，我们采用反向思维来思考这个问题：反问一句，不给好处费就拿不到单吗？

这就需要我们进一步分析，拿单到底取决于什么。简单讲，主要取决于两个方面：一是取决于项目的背景；二是取决于你的产品是否能完全满足客户需求。所谓项目背景，就是要清楚客户为什么会做本次项目。是客户主动的自我改善，还是市场的必然需求，或是政府的政策支持等等。只有搞清楚这一点，我们才能深入了解客户做本次项目的意愿是否强烈。

比如说，客户主要做产品出口，由于产品不良，造成客诉，货物被全部退货，损失 10 万元美金。出于产品品质的管控，客户提出了需求，决定购买检测设备用来做产品的出厂品质检测。

掌握了上述背景，我们就可以判断，客户本次改善的意愿非常强烈。原因很简单，如果不做品质改善，后续由于产品不良造成的损失可能会更为惨重。为了避免后续的大金额损失，客户宁可前期多花些钱来做改善。项目的背景决定了项目肯定会做下去，如果这个时候你的产品能够 100% 满足客户的检测需要，客户肯定会立即拍板，订单不就到手了吗？这个过程需要好处吗？不需要。所以，搞清楚背景，再加上适销对路的产品，不用一分钱的好处，我们就可以拿到客户订单。

如果搞不清背景，或者产品不能满足客户需求，给再多的好处也是无用的。

比如，某公司的工程师找到你，说要做一台新的机器以提高生产效率。听到有项目来了，你很高兴地评估方案，给工程师和采购一些好处以确保顺利拿单。结果等了几个月都没有下单的音信。后来才搞清楚项目的背景，现在政府政策提倡"机器换人"，公司为响应政府号召，前期先做一个事前改善评估而已，还没有决定是否做改善投资，之前你给的好处打了水漂。

所以，不清楚项目的背景，送好处是没有用的。同样的道理，即使你搞清楚了项目的背景，确认了客户的投资意愿，如果对应的产品不能完全满足客户的需要，即使送了好处，也拿不到订单。

　　在上文中，我们主要说明了给客户好处费的目的之一是希望能拿到订单，另外一个目的是希望能够和客户维持良好的合作关系。那么，我们采用逆向思维，反问一句："不给好处费就维持不了良好的客户关系吗？关系真的是靠好处维持的吗？"我们要明确一点：维持双方良好关系的基石是什么？是你能够帮其解决问题，满足其需求，这才是关键！客户在日常生产经营活动中总会碰到大大小小的问题，当客户每次找到你时，你都能给其一个合适的解决方案，客户的问题迎刃而解，客户自然会对你产生信任感。每当客户遇到问题时，第一个想到的就是你，这就形成了良好的合作关系。如果每次找到你，你给的方案或产品都不能助其解决问题，久而久之，再有项目时客户就不会主动找你。站在客户的角度考虑，他如果解决了很多公司难题，就能得到公司的赏识，就有更多晋升的机会，相比于好处，你觉得他更倾向于哪一个？而且，好处仅仅是一种双方利益的交换，好处不能确保你们的关系稳固。我们要清楚，建立在好处之上的客户关系都不是最稳固的客户关系，能够帮助客户解决问题才是王道！

　　从本人的实际情况来讲，为外企服务这几年，从来没有给客户一分钱的好处，尽管没有给客户任何好处费，但是，每年依然可以有千万的订单，依然可以和客户成为朋友，保持良好的关系。所以说，好处这件事情千万不要先入为主，认为客户都是想要好处的。也许不用好处，将更多的精力放在客户需求上，我们会做得更好！

做一个"主动型"的销售

一名优秀的销售人员,身上会有很多优秀的品质,比如不轻易放弃、不断突破自我、理性思考问题等等,其中,主动性是最优秀的品质之一。所谓主动性,是指个体按照自己规定或设置的目标行动,而不依赖外力推动的行为品质。这个需要由个人的需要、动机、理想、抱负和价值观等推动。从销售的角度看,主动性就是销售人员会主动去做很多工作,以确保项目的顺利进行。体现在实际的销售行为中,"主动型销售"的特点就是:忙碌。具体来说,"主动型销售"的头脑中一直会盘旋着下一步要做的事情,很少有大段的空闲时间,绝不会存在头脑一片空白、无所事事的状态。

主动性在任何时候都是一种优良的品质,我们经常讲到"发挥主观能动性""机会偏爱有准备的人"等等,其背后的本质含义都强调了主动的重要性。市场之大,机会多多,但是机会往往转瞬即逝。对于一名在市场大浪中拼搏的销售人员来说,通过自己的主动性,不断在浪潮中发现新机会,往往更有机会俘获客户,拿到订单,赢得市场。而"被动型"的销售人员,思想和行动都存在一定的惰性,碰到机会后,行为方面存在迟滞现象,动作缓慢,无法迅速抓住机会,很容易错失订单。

比如,客户有一个竞标项目,"主动型销售"A和"被动型销售"B同时跟进。A的行为是这样的:迅速了解客户的需求,想办法找到一线的需求人员并推荐产品型号,然后主动邀请审批、采购关键部门的核心人员谈项目,每天思考自己的对应策略;而B的行为是这样的:把标书递给客户,然后等待客户的回馈,偶尔打电话过去询问项目及竞标的进展。A和B有着完全不同的对应过程,结果自然不言而喻。

所以，还是那句话，"机会偏爱有准备的人"。为了提高业绩，我们都要成为一名主动型的销售。那么，有什么方法可以帮助我们变得更主动呢？

我们可以从意识和行动两个方面入手，逐渐养成主动销售的习惯。久而久之，就能将自己锻炼成主动型的销售。首先，在意识方面，要经常做自我暗示和自我提醒。尤其当我们感觉无所事事或者没有方向性的时候，要多从意识层面告诫自己需要做的事情还有很多，主动去思考下一步该如何展开工作。所谓"头脑要绷紧，心中要装事"，当一名主动型的销售处于工作状态时，很少出现头脑空白或者无所事事的情况。相反，在他们的头脑中，很多需要待处理的事情会一字排开，按照工作节奏一件接着一件地去处理。所以，判断自己主动的意识有没有形成，就看在日常的工作中，"大脑空白"的时间有多久，时间越多，频数越高，就说明主动的意识尚未形成，仍需努力。当主动的自我提醒变成了习惯，那么，恭喜你，主动的意识已经形成。

有了意识，下一步我们还需要具体的行动。从项目发生和进展的角度看，当没有项目时，主动型的销售会积极地寻找项目；当有了项目时，主动型的销售会积极地跟进项目。市场具有一定的周期性，我们无法保证市场一直处于"亢奋"状态。当市场低迷时，订单量显著减少，业绩明显下滑，被动型的销售会强调市场不好的因素，寻找各种理由安慰自己，认为业绩下滑是市场不景气导致的，人们面对市场的力量是无能为力的。这种考虑问题的方法固然有一定的客观基础，但是，这不利于销售人员展开积极的动作，去发现"新大陆"。要知道，低迷的市场往往也孕育着新的机会。比如说，娱乐业就经常从经济衰退中获利，这似乎已经成了一个规律。据美国影业联合会统计，过去几十年里美国曾遭遇七次经济不景气，其中五次电影票房反而有大幅上升。所以，面对不景气的市场，我们也不能轻易放弃，也许我们无法左右市场，但是我们可以发现更多的机会。作为一名主动型的销售，要不断收集信息，认真研判趋势。在已有的环境条件下，制定有效的策略，考虑通过哪些主动的动作，能够提升现有的业绩。

举个简单的例子。之前你的产品主要用于笔记本光驱行业，但是由于市场对于光驱需求下滑，你的产品销量也受到了很大的影响。通过分析，你发现笔记本光驱的需求下滑将会是不可逆的长期趋势，销售的产品如果集中在该行业，未来的产品销量肯定不容乐观。所以，未雨绸缪，你可以尝试变更销售的行业方向，比如面向相关性较强而又需求潜力较大的车载光驱等行业。也许，你会发现另外一个业绩增长点。

除了当市场低迷时主动发现新机会，开发市场外。当市场较好，项目不断时，我们在跟进具体的项目时，更要主动积极。每一个项目从开始到结束，往往经过很多商务环节，比如招标投标，方案论证，价格谈判等等，每一个环节都是环环相扣。在跟进项目的过程中，我们要主动去思考在每个环节你需要做哪些动作确保在该环节顺利通过，确保项目进入下一个环节。如果我们单单跟进一次后，就等着客户主动联系我们，项目丢失的风险性会增大。只有我们主动联络，才能掌控项目的最新进展，进而制定相关的销售策略。

无论是老板还是客户，都喜欢"主动型"的销售人员，因为他们总能给人一种积极向上的感觉。只有做一个主动型的销售，才能在各种纷繁复杂的市场中嗅到新的机会，进而抓紧机会，让业绩起飞！

处理好公司关系和私人关系

对于一位电气工程师而言,手中会有很多工具来帮助自己解决电气问题,比如示波器、电流表等。有了这些工具,工作便能得心应手。同样,对于一名销售工程师而言,手中也需要有很多工具,比如演示样机、产品目录等,有了它们,我们才能更生动地给客户介绍产品。除了有形的工具,在销售人员的手中,还有一个非常重要的无形的秘密武器——关系。不用多说,大家都应该清楚关系对于业务人员的重要性,它是连接销售人员和客户的重要纽带,甚至很多情况下会决定一个项目的"生死"。销售人员在其工作中,需要不断地接触各种不同的客户,与每一个客户建立关系,进而推销自己的产品。在众多纷繁复杂的关系网络中,有两种关系经常缠绕在销售人员的头脑中,"剪不断,理还乱",这就是公司关系和私人关系。

所谓公司关系,简单讲就是销售人员作为公司的代表,是以公司的名义和客户建立关系,销售人员不过是公司利益的代言人。私人关系的理解就更简单了,就是销售人员以个人名义和客户建立关系,很多行为和观点仅仅代表个人,不能代表公司。这两种关系,定义起来好像很明确,其实在实际的工作中,你很难将公司关系和私人关系划分得很明确。面对客户,我们如何去处理公司关系和私人关系呢?告诉大家一个行之有效的方法——公私分明:公对公,私对私。只要能够拿捏到位,既能照顾好和客户的公司关系,也能够维持好和客户的私人关系。

作为一名销售人员,你首先要明白,你手中的"关系"是公司给你的,是你通过推销产品逐渐和客户建立了关系,这是你"关系"的源头。因此,面对纷繁复杂的关系网,一方面,我们要考虑到公司关系,把公司的利益放在首位。另一方面，从客户的角度来说，他购买你们公司的产品，认可的不仅仅是你们公司本身，同时认可的是你这个人。所以，我们也要考虑和客户的私人关系。所谓"公私分明"，从本质上来讲，是对于关系的分割和权衡。在不同的项目、不同的情境下，涉及的关系是不同的，我们要识别并维护相应的关系。

从利益矛盾的角度出发，我们可以将这两种关系的利害攸关分为四种类型：

- 既有利于公司关系又有利于私人关系
- 有利于公司关系但不利于私人关系
- 不利于公司关系但有利于私人关系
- 既不利于公司关系也不利于私人关系

很显然，前两点都是以公司利益为优先，是我们处理关系的指导原则；后两点都对公司利益造成影响，我们不提倡也不鼓励。其中，最理想的状态便是第一条：既有利于公司关系又有利于私人关系。至于具体落实到日常的销售行为，只要能给客户带来利益，两个"有利于"的关系就能够处理到位。比如说：你合理的降价能够帮助客户降低生产成本；你分享了一些行业消息，有利于客户拟定下一步的研发策略；你能够介绍项目给客户去做；你通过产品解决了客户棘手的问题……方法有很多，但是核心的一点，客户都因此受益，他自然会对公司和销售人员个人怀有感谢之情，关系也会进一步拉近。因此，于公于私，这些都是很好的做法。

请记住，在销售工作中，当我们面对公司关系和私人关系时，一定要做到公私分明，不拿原则换人情。

不要做"打鸡血"的销售

有一家销售类型的公司,每天早晨的第一件事情就是喊口号,什么"失败是暂时的,成功就在前方","因为有缘大家相聚,成功要靠大家努力",除了口号,还附带有拍手、跺脚等动作,一阵喧嚣之后,大家回到各自岗位上工作,气氛平静了下来。很显然,该公司在给销售人员"打鸡血",提神鼓劲。诚然,这种"打鸡血"自然有它有用的一方面,但是从工业领域的销售来看,我们不需要做"打鸡血"的销售,要做一个理性的销售。

首先,很多人认为打打"鸡血"能够让人更有激情,真的是这样吗?我们可以看到这样的情况:一群白衬衫黑西裤的销售人员高昂地喊口号,个个精神抖擞,看起来很有激情。喊完口号后,回到各自座位开始打电话,前半个小时,很积极地拿起电话寻找目标客户,不过很快,注意力开始涣散,然后开始玩弄手机,拨电话的频率越来越低……是不是典型的"三分钟"热度?这种依靠外部力量逼迫激情的方法是不会持久的。真正的激情不是逼迫出来的,是由内而外散发出来的,它是一种精气神,虽然看不见,摸不到,但是可以体会到。有激情的销售人员,怀着对工作的热忱,对于完成业绩目标的渴望,迅速切入每一个项目,及时解决各种项目的障碍点,去一步一步落实到具体的销售行动中,而不是在那里轻浮地喊口号。他们把精力放在了分析和解决问题上,一天下来,他们能够处理很多事情,推进很多项目向前走,这些东西,通过表象是看不出来的。要知道,激情不等于打鸡血,内敛的激情更重要。这种内敛的激情才是真正持久的激情,才是真正能够"赚钱"的激情。

其次,喜欢打鸡血的销售,往往有一个特点,很注重表面和仪式性的东西,缺乏对项目的深入分析。他们打完鸡血后,延续着这股"鸡血劲",拼命地给客户打电话,电话一通就开始喋喋不休地介绍产品,客户很快失去兴趣，挂断了电话。原因在哪里？原因在于这股"冲劲儿"用的不是时候，因为发现需求靠的是脑子，而不是嘴。在跟进项目的时候，我们需要的是根据大量的客观事实，做出理性的判断，制定出对应的策略，这些都是要用脑子深思熟虑的。你看各个行业的杰出人物，在制定策略的时候，都是找个地方让自己平静下来，去做细致的思考和分析：微软创始人比尔·盖茨每年都会定期在自己的湖边别墅闭关，阅读大量的文献，制定公司的发展策略；万科地产创始人王石先生喜欢爬山，在山上安静的气氛下，他能够更清楚的思考问题……如果只是让他们在别墅和山顶喊喊口号，怎么可能制定出完美的公司战略呢？销售人员也是一样的，销售的工作就是要发现需求和满足需求。所以，与其在那里大喊大叫，不如平心静气地想想需求在哪里。

最后呢，我想说的是，"鸡血式"的聊天不是一种好的聊天方式。我看到一些销售人员，无论是电话沟通还是拜访沟通，说话像是"机关枪"一样，看似有激情，实则不然。第一呢，不管对方是什么职业，医生也好，工程师也好，销售也罢，都要注意沟通的舒适性。大家平日正常是怎么聊天的，就怎么聊，没有必要刻意去提高自己的声调，生怕吸引不到客户的注意。我们要靠聊天的内容去吸引客户的注意力，如果你说出的内容就是客户需要的，客户自然会聚精会神地听你继续讲下去。如果不是客户需要的，再大声也没有用，反而会使客户产生烦躁感和厌恶感。除了聊天的舒适性，更重要的是要倾听客户的需求。要清楚，你说话的目的不单单是介绍产品，而是"抛砖引玉"，希望客户能够说出自己真实的需求。

激情是销售人员必备的特质之一，因为销售工作是一个结果导向工作，平常工作压力比较大，没有激情，很难胜任。但是，激情绝不等于"打鸡血"，我们需要的是"理性的激情"。怀揣着对于工作的热爱和对于梦想的渴望，我们要把这股"鸡血劲儿"用在脚踏实地的工作上，做更多的市场调研，提出更细致的方案，做出更及时的售后……记住，不要透支自己的激情，不要做"打鸡血"的销售。

形成自己独特的销售风格

销售工作是一个非常具有灵活性的工作，同一个问题，我们可以通过不同的方法去解决，没有所谓的标准答案。经常听到一些有经验的"销售老人"在指点一些职场新人时，会说："你应该怎么怎么样，这才是标准做法。"要知道，销售工作不是生产线上的工作，在产线上，为了保证产品的质量，我们有严格的操作规程，但是对于销售工作而言，怎么可能存在所谓的标准做法呢？你提供的仅仅是众多方法之中的一个示例做法，并不能代表全部的做法。所以，今后凡是有人告诉你，"XX是标准做法"的都是伪命题。他能提供的，仅仅是一种做事的思路，我们可以去理解和学习，但是不存在标准的做法。

有人会说，没有标准岂不是一团糟？其实不然，正是这种灵活多变，造就了变化多端的市场，构成了丰富多彩的世界。对于销售工作而言，"没有标准"就是"标准"。你想想，公司每年招聘一批新人进来，每个人性格迥异，有的活泼好动，有的沉默寡言，有的聪慧机灵，有的沉稳老实，如果你出一道充满发散性思维的题目，我保证，每个人的答案肯定是不一样的。而销售工作中碰到的每一个问题，大部分都是"发散性"的问题，每个人自然有不同的见解和思路。尽管思路不同，但是一定要能解决客户的问题。不管是什么方法，能真正帮助客户解决问题的，都是好方法。所以，只要能有好的结果，我们就要鼓励销售人员形成自己的销售风格。

我曾经碰到过形形色色的销售人员，他们的销售风格迥然不同，但是从他们的业绩和客户关系看，每个人都做得不错。

比如，我曾经的搭档老A，性格活泼外向，非常善于和客户攀谈。即使第一次见客户，10分钟左右的工夫就和客户混熟了。每次去客户现场拜访，也不急于给客户介绍产品，和客户聊天许久，到最后不经意间引出要介绍的产品，花几分钟就把产品的特性介绍完毕，尽管如此，老A的销售业绩很好，问其秘诀，答曰："多和客户聊天，一能拉近距离，方便后续工作，二能套取些情报。"再比如，我的另外一位同事小B，名牌大学高才生，技术大牛，平日里不怎么爱说话。去到客户那里，单刀直入，直接就和客户讨论项目的技术细节，评定项目的可行性。评定完毕后，当场选择型号，给出解决方案。看似没有老A那么成熟老到，但是小B的业绩可一点不比老A差，问其销售的秘诀，回答说："只要能够解决客户的实际问题，就不怕没有业绩。"再说说我的前领导大C，平日里脾气较为火暴，动不动就训斥员工。到了客户那里，开始的时候还和和气气，一旦有客户提出较为激烈的反对意见，他就坐不住了，开始和客户辩驳。有的客户能够招架住，招架不住的客户就不想再谈下去了。也许你会问，这样的销售方式，难免会得罪部分客户，怎么能取得订单，拿到好的业绩呢？带着同样的问题，我询问了大C，大C回答说："我不一定能够照顾到所有的客户，尽管我的话偶尔有些尖锐，但就事论事，大家都是为了项目能圆满完成，真正想做项目的客户是不会斤斤计较这些小事的，那些两三言就不和的客户，也不是我的目标客户，因为他们做事的目标性不清晰。"尽管如此，只做"合得来"的客户的大C，每年的业绩也是相当不错的。

还有很多风格独特的同事，我就不一一列举了。"当局者迷，旁观者清"，通过上述三个示例对比，我们很明显地发现，他们的销售风格差异是很大的，但同时又各有千秋，业绩很好。这是否给了你一个这样的启示：风格也许并不是最重要的，在表面的风格之下，只要能够抓准客户的需求，就能够有好的结果。

老 A 的画风也许是这样的	小 B 的画风也许是这样的
老 A：来来来，先不着急。先给你看一下我最新入手的 iPhone 8，怎么样，好看吗？我感觉 iPhone 8 的显示界面更清晰了，你知道原因是什么吗？听业内人士讲，原因之一是和盖板玻璃的厚度有一定关系的。因为光线进入玻璃后会发生一些光学的反射或者折射等现象，掌控好玻璃的厚度，能够使显示画面更清晰呢。你用的是哪个牌子的手机？ 客户：三星的。 老 A：喔，我认为三星的屏幕是手机界做得最好的。既然苹果要检测厚度，三星也应该会检测吧。你们有给三星供货吗？ 客户：有的，三星是我们的大客户之一。 …… 老 A：最后，我给你介绍一下我们的方案吧……	小 B：你好，有样品吗？拿过来我看一下。喔，这就是你们的样品啊。玻璃的透光率是多少？你们的测量公差是多少？有没有检测速度的要求呢？ 客户一一回答。 小 B：那好，我清楚了。根据您提供的参数要求，我推荐采用激光测厚的方法来进行检测，方案是这样的……

我们可以做一个简单的假想实验，某客户主要生产苹果手机的盖板玻璃，需要检测盖板玻璃的厚度，如果老 A 和小 B 分别去对应同样的客户，会迸发出什么样的火花呢？

没有对比就没有发现，两种完全不同的销售风格，产生了完全不同的对话，因为每个人的关注点是不一样的。老A更关注客户的整体信息，而小B更关注项目本身的技术要点。尽管存在风格差异，但是，万变不离其宗，他们都在客户需求上下了功夫。

一旦形成自己的销售风格，会有三点好处：首先，会提高自身的工作效率，因为风格就像是模板，一旦模板形成，直接装入内容就可以了，不用再浪费时间去寻找模板；其次，会加深客户对你的印象。人是一种情感动物，总会有一些感性的评价，你形成自己的风格后，客户也许会这样评价，老A比较外向能说，小B不善言辞，但技术过人……你的风格已经印入客户的脑海；最后，方便公司内部开展工作。正是每个人的风格不同，才方便公司根据项目的不同特点去调兵遣将。A项目的客户比较老到，就派老A去应对一下；B项目技术难度比较大，派小B去评估一下。形成自己的销售风格，于己，于客户，于公司，都是很有利的。更重要的是，这是个多元化的世界，我们也需要多元化的销售风格。

销售不是越难越好

有一次,大家正在埋头加班,有位销售人员在办公室略带自豪地讲道:"有个很难攻略的客户,沟通了好久没有确定,不过终于被我拿到了。"旁边的销售人员击掌庆祝,竖起大拇指,认为终于又啃下了一块硬骨头。对于一名销售人员来讲,能够拿下难以攻略的客户,是非常值得肯定的事情。因为对于难以攻略的行业和客户,短期内往往存在着无法克服的难点,比如说技术层面、关系层面、价格层面等等的问题。能够不畏艰难,克服缺点,努力把这些"困难户"搞定,说明这位销售人员具有坚定的决心,这是值得褒奖的。但是,表扬归表扬,我们表扬的是这种攻坚克难的销售精神,而不是"越难越好"的销售思路。

在销售思路当中,不要形成"越难越好"的风气和意识,而是要找"准"客户,有的放矢。对于销售,你的任务就是在规定的时间内给公司创造更高的利润,不要老盯着一个有难度的客户不放,如果耗费了大量的时间和精力,没有任何业绩产生,看起来就意义不大了。

比如,某个电脑生产厂家需要购买仪器做品质改善,目前正在大量使用国产的检测仪器,价格5000元/台,后续还将继续采购相关产品。客户已经熟练使用该产品,目前没有使用问题。得到这个消息后,你希望能够将某个国外品牌产品卖进去,一旦切入成功,后续的采购量和利润是很可观的。但是,国外品牌价格较高,大约2万元,是国产仪器价格的4倍。那么,问题来了,价格差异那么大,你怎么才能卖进去呢?尽管国外品牌产品的技术更领先,质量更好,但是客户已经使用国产品牌很久了,而且目前使用良好,没有大的问题出现。从客户角度考虑可以看出，这个项目就是一块"难啃的硬骨头"。那么，面对这块"骨头"，你是继续"知难而进"呢，还是暂时缓缓，静待时机，把当前的时间用在其他客户身上？

在上述项目中，从理性的逻辑来预判，该客户目前购买国外品牌的可能性不是很大，那么，尽管我们在这个项目上花费很多的时间和精力，但结果还是一样的，客户暂时不会采购，就不会为我们带来实实在在的业绩。而且，你在该项目上花费了很多时间、精力等"隐性成本"，如果将有效时间用在其他客户身上，扩大客户的接触面，也许会有更好的机会，创造更高的业绩。比如，在跟进上个项目的过程中，又来了一个相对简单的项目，把握性应该在80%以上，可以说是一个很有机会的项目。那么，面对中途出现的这个项目，你是继续把全部精力放在难啃的项目上，还是"掉个头"，放下困难的项目，赶紧把机会大的项目搞定呢？答案是肯定的，先把容易的项目搞定！因此，在困难的项目上，不宜花费太多的时间，既然你已经了解到了客户的需求，就可以静待时机的出现。比如，某一天，客户检测的要求出现变化，原有设备无法满足新的检测要求，那么，内生性的需求就来了，如果我们在这个时候快速切入，就很容易满足客户的需求，自然会产生好的结果。所以说，你说某件事"难"，也许并不是"真的难"，很可能是你没有在正确的时间做正确的事情。

除了正确的市场思路之外，优秀的销售人员从来不做简单的"二元判断"，轻易说这个客户好难或是好简单。天下没有难做的生意，也没有难做的客户。往往很多销售人员碰到困难时，会下意识地放大困难，然后是一系列的抱怨和情感判断，用最简单的"小孩思维"去评判他是"好人"还是"坏人"。而对于一个销售高手而言，面对困难时，一定会平心静气地去分析"难在什么地方，简单在什么地方"，然后针对难点，想方设法去突破这个点，一旦突破了难点，撕开了口子，后面的进展也就突飞猛进了。

所以，在我们的日常工作中，当出现了所谓"难度"较大的项目时，你只需自问两个问题：一是项目的难点究竟在什么地方；二是是否有必要再去花费大量的时间跟进。回答出这两个问题后，你的思路自然就会清晰明了。相信随着不断地思考和实践，"难"和"易"的鸿沟会逐步消失，理性的思维终究会战胜感性的判断。

第七章

合作才能共赢

"闻道有先后,术业有专攻",这是一个多元化发展的世界,专业性和全球化的趋势越来越明显。不要把自己的思维囚禁起来,要打开思维,敞开怀抱,尽情地去合作。

培养"大合作"意识

我们经常说,"合作双赢""合作共赢",就是说大家可以通过合作,获得更大的发展。然而,在实际的销售工作中,我发现很多销售人员仅仅是把"合作"这个词挂在嘴边,在思维意识的深处并没有真正了解到合作的含义,他们并没有真正地把"合作"的理念落实到销售行动当中。或者,对于合作的认识停留在很浅的层次,所以也只能进行一些表面的合作,无法进行深层次的合作。只有共同合作,大家才能分到更多的利益,这一点大家都懂,但是怎么去做呢?在这里,我们希望从思维深处提出一种意识——"大合作意识"。

请注意"合作"前面的"大"字,这个字是该意识的核心。要知道,合作是一名销售人员的基本能力和基本工作内容之一,在跟进任何一个项目的过程中,合作肯定是贯穿始终的。比如,你介绍一台设备给客户,客户购买你的设备,这就算是完成了一次合作。你可以列出近几个月的销售业绩,仔细想想,哪一项业绩的产生不是来源于合作呢?可以说,客户是业绩的最终来源,而合作是业绩的助推剂。因此,合作很重要,然而,很多人对于合作的理解却很狭隘。经常有听到销售人员在推介产品时和客户说:"我们可以合作一下。"他们口中的"合作",仅仅是基于自己销售产品的合作:客户有需求,而你的产品可以满足客户的需求,双方可以合作解决需求。这的确是一种很好的合作,但是不要因此就把合作意识囿于这么小的范围内,我们要有更"大"的合作意识。

所谓"大合作",不仅仅是基于自己产品的合作,还是基于客户资源、互补型供应商、集成商等全方位的合作。合作的路径不仅仅是以自己销售的产品为载体，我们可以拓宽更多的路径，找到更多的载体。合作的路铺设得越宽，我们的信息通道才更为及时和畅通，所带来的"合作效益"才越明显。

比如，我们先看一个简单的合作。某客户生产3D玻璃，需要全自动检测3D玻璃的所有尺寸。由于是新的产品，客户自己也没有相关的解决方法，于是找到了你。3D玻璃的尺寸有很多，包括长度、宽度、弧度等，作为核心传感器供应商，你评估后，告知客户测量长度和宽度，其余检测做不了。如果要做全自动检测，需要客户自己把传感器集成到设备上去。为了抓紧解决问题，客户只能先购买了传感器，再自己想办法解决。

客户提出需求，你解决了部分需求，一次简单的合作就这样完成了。然而，这真的是完美的合作吗？

如果我们的头脑中存在"大合作"意识，我们的销售行为也许就会发生变化。

首先，我们告知客户长度和宽度的解决方案，然而，客户还需要测量弧度。客户是玻璃生产商，主营玻璃，接触到传感器的机会很少，你让他自己去找方案解决弧度问题，难度会很大。然而，你作为传感器供应商，拥有更多的行业资源。这个时候，你得知B公司的传感器可以解决弧度问题，那么你可以作为中间人，把B公司的销售人员介绍给客户，你们联合给出尺寸测量方案。一方面客户的尺寸测量需求得到了满足，另外，B公司的销售人员会非常感谢你的联络，建立起合作友谊。方案有了，但是客户还需要集成，而你们两家传感器供应商都没有集成能力，我们可以介绍一家集成商给客户，让其协助客户集成。这样的话，客户的全部需求（全自动＋尺寸检测）得到了满足，非常满意。而集成商也赚取了相应的利润，非常开心，感谢你的主动介绍。

通过你的介绍，B公司和集成商都顺势和客户建立了合作关系，而你不仅仅和客户保持了合作关系，和B公司及集成商也产生了合作关系，进一步拓展了关系网络。故事还没有结束，有一次，你去攻略一个重点客户C，然而迟迟攻略不进去，压力很大。恰巧，B公司的销售人员和客户C关系很好，而且是他们的核心供应商。基于之前你和B公司建立的合作关系，B公司很乐意帮助你和客户C建立关系，通过项目合作的方式，你顺利成了客户C的供应商。另外，你介绍给客户的集成商，自身客户资源很广，和多家客户保持合作关系。集成商为表示感激，在集成设备的时候，主动推荐你的产品给他的客户。于是，你顺势通过集成商的渠道关系扩展了更多的客户，建立了更广泛的合作关系，业绩自然突飞猛进。

我们可以就此对比下，先是简单的合作，你仅仅把你的传感器卖给了客户，合作就到此为止了，没有进一步向下发展。然而，如果我们有"大合作"意识，合作深度会大为增加。我们不仅把传感器卖给了客户，还通过项目合作结识了B公司和集成商，与他们建立合作关系。之后，我们又通过他们的关系，扩展了更多的客户资源，这就是"大合作"带给我们的好处。简单合作也许只能带给你一次项目的业绩，然而通过"大合作"，你挖掘到的不是项目本身，而是无限的潜力。通过关系的层层传导，你可以织起密密麻麻的关系网，而业绩，就源源不断地从关系网中"流动"出来。

通过"大合作"，合作的关系网络会越织越密，然而，这可不是一蹴而就的，需要你有意识地去建立和培养。在日常的工作过程中，我们不要仅仅盯着自己的产品不放，做好自己的产品只是基本要求，我们要放开思路，保持学习，去接触更多的同行、合作商、客户，去主动了解他们的产品，分析对于自己产品的互补性。在此基础上，当我们有了具体的项目时，机会就来了。要抓住客户的每一个需求的细节，深挖其本质需求，除了销售自己的产品，可以以此为契机，动用之前建立的关系网络，介绍更多的朋友给客户。关系具有一定的"自生性"，不要小看你建立的任何一个关系链，它可能会衍生出更多的关系链，关系链多了，真正有价值的关系链才会由此产生。

用"差异化"构建竞争优势

竞争是市场经济的典型特征，每个国家、每个企业、每个人都能强烈地感受到竞争的气息，并通过竞争来获得自己的生存发展空间。因此，大家都把目光放在竞争层面上，思考如何击败对手，获取更多的市场份额。对于任何一个市场化的行业而言，围绕客户的需求，一定存在众多满足要求的产品。当客户的一个项目发布后，会有多家供应商蜂拥而至，争夺项目的订单。对于一个在市场大浪中拼搏的销售人员而言，碰到竞争对手是司空见惯的事情。关键在于，当我们在销售工作中遇到了竞争对手时，该如何直面竞争，笑到最后呢？

在此，我们先抛开人脉、关系、政治资源等手腕的使用，单纯从产品本身出发，去思考竞争对手的方法。如果遇见了竞争对手，我们可以用一句话来概括我们的策略：从客户的角度出发，介绍产品的有效差异化！

也许大家在很多场合中都听过"差异化"这个词语。所谓差异化，是指企业以某种方式改变那些基本相同的产品，使客户相信这些产品存在差异而产生不同的偏好。简单讲，就是对比我们的产品和竞争对手的产品，他们的不同点在什么地方。通过差异化的对比，显示出产品的核心优势，赢得客户的芳心。这种差异化的方法本身是没有问题的，也是我们在实际销售工作中需要学会使用的方法。但是，很多销售人员并不了解这个方法的深层含义，在工作实践中出现了偏差，仅仅为了差异化而差异化。他们给客户讲解了很多产品的优势，结果客户并没有太大的兴趣，导致客户并不清楚你的产品和其他产品的差异在什么地方，这就是差异化失败的结果。因此，在差异化策略中，我们增加了两个关键词："客户角度"和"有效"。意思是，当我们做产品竞争的差异化对比时，要站在客户的立场，从客户的角度出发，去做差异化；而且，要贴合客户本次项目的实际应用情况，做有效的差异化。只有这样，客户才能真正理解并认可你的产品优势，为后面的竞争奠定基础。

举例而言，某个做高端车载音响的客户提出新的研究项目：检测音响振动时的振动曲线。你的A产品和竞争对手的B产品都可以完成这项功能，而且B产品的价格要低于你的产品。这种情况下，你该如何去做有效的差异化呢？首先，我们需要分析项目本身真正的技术需求。由于产品是高速振动，要取得完美的振动曲线，需要更多的采样点作为描绘基础。所以，产品的采样频率越高，取得的采样点越多，描绘的振动曲线越真实。通过上述分析，我们对客户需求进行了深层挖掘，将表面上的曲线描绘需求转变为了采样频率的高低的需求。然后，我们就可以对比我们的A产品和竞争的B产品在采样频率方面孰优孰劣。通过对比，我们发现A的采样频率10倍于B的采样频率，这就意味着A产品更能满足客户本次项目的需求。因此，即使B产品的价格低于我们的A产品，有了采样频率这个有效的差异化对比，我们就可以有理有据地告诉客户我们的核心的优势在什么地方，为什么这个优势可以更好地满足客户的需求。只有这样，客户才能更容易理解和接受你的差异化，并最终选择购买你的产品。

上述案例中，我们从客户的角度出发，针对项目的真正需求，提出了有效的差异化。当你把这种差异化根植于客户的头脑中时，客户认可你的产品优势，自然就会倾向于你的产品，这为后面的拿单增加了更多的把握。相反，如果你仅仅从自身产品本身出发，没有目的性的介绍差异化，客户无法体会到产品的核心优势，差异化效果就会大打折扣。

比如，在上面的例子中，通过对比A和B产品，你发现A产品的精度更高，于是，你自以为发现了差异化的要点，决定在精度方面大做文章，告知客户自己的产品精度是如何好。为了让客户有直观的感受，你亲自带着仪器，在客户现场演示了仪器的精度，客户看了后也大为赞赏，认为你的产品精度的确很高。如果单纯从差异化的角度来看，你的确做到了差异化，因为通过你的介绍，客户明白了这项差异点，认可了你的产品精度。但是，你并没有做到有效的差异化，因为从项目本身的要求看，采样频率才是项目的关键核心。尽管B产品的精度比A产品低，但是都在客户可以接受的范围。即使你发现并让客户认可了精度这个差异化，但是这个差异化对于项目需求而言并没有很大的帮助，在和对手竞争时就不能形成"一招制敌"的强有力的优势。这样的话，在客户的头脑中，就容易形成这样的想法：选你的产品可以，选其他品牌也可以，尽管你的产品有些精度优势，但是对于项目本身而言，B产品的性能也满足了，而且价格还低。客户一旦有了这种想法，你后面的销售工作就比较被动了，拿单的风险也会增加。

所以，要将有效的差异化分析出来，并且灌输给客户，消灭客户模棱两可的想法，引导客户的思路，让其认为你的产品就是有很大的优势。

在具体的工作中，为了更准确地发现有效的差异化，我们可以尝试列举一个"性能、参数表"，把你的产品和竞争对手的产品的特点一一对比，然后结合项目本身的需求，发现有效差异化，举例如下：

	你的产品A	竞争对手B	项目需求
精度	0.01mm	0.1mm	都可以接受
采样频率	10KHz	5KHz	频率越高越好
测量距离	10mm	15mm	没有要求
防护等级	防水	防水、防油	现场环境干净
通信方式	以太网	以太网	以太网

有了上述表格，我们就可以通过对比，发现有效差异化，为竞争提供有效的依据。其实，竞争并不可怕，怕的是没有抵御竞争的方法。对于一名销售而言，市场环境越来越复杂，竞争也会越来越激烈。不要幻想着客户不了解竞争对手的品牌，不要想当然地认为项目不存在竞争的因素。与其侥幸的幻想，不如脚踏实地地去研究不同品牌的有效差异化，为以后与对手竞争积累更多的经验。

让客户成为你的推销员

有时候,客户会直接打电话过来询问某款具体型号的产品,当你询问客户是如何得知这款产品的时候,他告诉你:"我之前在另外一家同行公司有见过他们使用,效果不错,所以也想购买一台。"我想,很多销售人员都碰到过类似的情况。其实,这种同行之间的推荐和复制是我们高效率销售产品的途径之一。因为借助这种销售途径,你几乎不用去介绍产品,客户就会主动上门送订单。所以,除了自己积极主动地去攻略客户、推销产品之外,我们还要学会借力打力,借助客户的力量,让客户成为你的推销员,为你的产品宣传。这样,你的产品更容易在行业内迅速推广,占领先机。

凡事都是讲究方法的,好的方法能提高效率,事半功倍。很多销售人员,每天不停地打电话和登门拜访,看起来很努力,但业绩平平;而有的销售人员平日里看似闲庭信步,到年底时,业绩却一鸣惊人。为什么会出现这种状况呢?原因就在于优秀的销售人员善于充分利用手中掌握的资源,去完成自己的目标。有了资源,做起事情来会更加容易,就好比赤手空拳的士兵,如果能配备精良的武器,打仗才能更加勇猛。客户除了是你的"客户",还是你非常重要的资源,我们要学会利用。

让客户为你的产品代言,就是充分利用手头资源,这是非常聪明的销售方法。首先,客户作为资深的业内人士,有着销售人员不可企及的行业人脉,与其很费力地逐个拜访攻略客户,不如利用好客户的人脉资源,让客户帮忙介绍新客户,迅速打通行业人脉。其次,采购任何产品往往都需要一个评估的过程,到底技术可行性如何,投入产出比如何等等,有时候需要评估很久,短期内无法产生业绩。但是,当客户看到其他同行已经使用你的产品而且运行良好时,他们就不必担心任何的技术风险了。所谓"眼见为实,耳听为虚",对于他们而言,只需要原样购买、复制,就可以达成同样的效果。这对于销售人员来讲,也就省去了前期的评估流程,直接考虑价格和商务对应,就可以迅速拿到订单。因此,无论是从行业人脉的角度考虑还是从技术可行性的角度考虑,让客户成为推销员,都是很明智的销售策略。

举个简单的例子。A公司主要生产手机零部件,由于新建厂房、扩增产线,所以需要购买全新的自动化生产设备。由于前期沟通到位,技术成熟,现场配合度很好,所以我们及时地完成了机器的交付,保证了A公司的正常生产。项目完成后,A公司的老总很满意,双方关系非常融洽。要知道,行业内的不同公司之间时不时会走动一下,例如举办些产品交流会或者现场参观等等。一次,大型B公司老总来A公司生产现场参观,A公司老总热情接待,并推荐了我们的设备给B公司的老总。很巧,B公司也准备新建厂房,需要购置新设备,当看到A公司的设备运转良好,加上A公司老总的倾情推荐,B公司老总当场拍板决定采购相同的生产设备。没多久,订单就来了。你看,在这其中,根本没有销售人员的实际参与,新的订单就扑面而来。谁在帮你销售呢?是A公司的老总。他已经成了你的重量级的推销员,就好像成了销售团队的一员,忙前忙后帮你推销产品。

让客户帮忙推销产品,可以坐收订单,固然很好。但是有个值得深思的问题:客户又不是你的员工,他没有任何义务帮你去推广产品,怎样才能让客户乐意成为你的推销员呢?比如上述的实例中,如果A公司的老总不推荐你的设备,我想B公司也不一定会给你订单的。所以,我们一定要考虑如何引导客户帮忙推广产品。引导的方式有很多,但不论是什么方式,都离不开最核心的两点:良好的合作关系和适度的物质激励。

我们曾经反复提到要和客户搞好关系，好的关系能带来众多的好处，帮忙推广产品便是好处之一。如果你和客户关系非常好，能发展成为朋友关系，当客户手头有项目时，第一时间想到的就是你，会主动给你介绍项目，帮你拿下订单。

除了"靠关系"，还有一个简单的办法，就是物质激励。比如，在和客户交流的过程中，告知客户，如果能帮忙介绍一些项目，会给予一些"项目感谢费"作为感谢和回报。比如某客户负责项目招标，虽然知道很多项目信息，但是对于他来讲，知道多了也没有用，所以就充耳不闻，毫不关注。但是这些项目信息对于作为销售的你来讲，却非常关键。因此，你决定给客户一些"项目感谢费"，以获取更多的项目情报。自从客户得到一些"项目感谢费"后，项目嗅觉突然敏锐了起来，通过各种渠道来给你介绍项目，尽力协助你拿到项目。他为什么会这么主动地帮助你呢？因为他也成了项目的受益者之一，为了自身更大的利益，自然会去帮你介绍更多的项目。

通过"关系"和"物质"，我们可以将客户纳入我们的利益团体中，让客户充当我们的推销员。在后续的产品推广中，我们可以制定一些"游戏规则"，让客户成为玩家进入游戏，帮你去发展更多的客户。

有句古语，叫"物尽其用，人尽其才"，就是指最大限度地利用资源，不做半点浪费。也许，之前你对客户的定义仅仅是他下订单给你，你卖产品给他。通过本次的发散性思考后，我想，我们可以重新定义客户：他们不仅仅在购买我们的产品，他们也是我们产品的推销员；他们不再是销售链条中的末端环节，而是能够进一步传导利益的中间环节。

与同事高效配合

为了方便市场的管理和开发，很多公司往往会把一大块市场分割为不同的区域，每个区域分配一个或者几个销售人员，负责市场维护和开发。比如说，很多公司喜欢将中国市场划分为华北区、华东区、华南区等，华南区又细分为广州区域、深圳区域等，再细分下去，可能又将深圳区域按照行政区划分为南山区域、宝安区域等等。市场开发的越充分，区域就划分的越细致，这样有利于市场的精耕细作，深度开发，对于公司的市场接触面和覆盖面都是大有好处的。欧洲有一家工业方面的直销公司，市场划分的细致程度已经可以按照街道来划分，某几个街道内的公司是销售人员A的，另外几个街道内的公司是销售人员B的。由于物理空间较小，一旦有客户过来，销售人员可以迅速应对，第一时间登门拜访，提出解决方案，客户对于这种高效的服务是非常认可的。

任何事情都具有两面性，这种市场区域划分也不例外。上文已经提到过区域划分的好处，那么，这种区域划分的坏处又是什么呢？主要问题之一是跨区域的项目配合上。试想，如果每个人都有自己的独立区域，自己的区域自己说了算，没有别人的干扰，也不会干扰别人。在这种状态下，自然不会有跨区域的问题。但是，在实际的市场中，客户不会按照你划定的"圈圈"开厂办公，很多公司的厂房遍布于各个区域，很多项目也不是囿于一个固定区域。而且，随着全球化速度加快，产业分工越来越细致明确，根本不可能在一个固定区域里面"闭关锁国，自给自足"。于是，就体现了跨区域配合的必要性。

然而，在实际的工作中，我们发现，一旦出现跨区域的项目，往往会出现"扯皮"的现象，大家都想直接分得利益，不想去做实际的工作。

举个例子，上海区域有家研发自动化设备的公司，本次项目需求要检测产品瑕疵。经过技术评估后，你卖了一套检测设备给客户。由于交期紧急，客户匆忙装机后就运往了富士康郑州工厂。由于检测设备有一定的调试难度，客户提出希望你来做售后支持。然而郑州并不是你的区域，所以你提出希望郑州区域的同事A前去协助调试设备。你先后联络了A几次，在你的催促之下，他才慢悠悠地到富士康郑州工厂调机。你的客户开始抱怨你的对应速度慢，售后支持差，而且来做技术支持的同事态度不太好。你也只能无奈地叹口气："没有办法，毕竟是在别人的区域，主动权在别人手里。"

上面就是一个比较典型的跨区域配合项目。在一个区域做售前评估，在另外一个区域做售后支持。由于售前和售后分别在不同的区域，所以出现了配合上的问题，引发了客户的不满。任何问题都会有对应的解决方法，对于这个问题的解决，我们想到了一个词语——"由内而外"。在内部，我们要确保利益的关联性和一致性，凡是能够参与到项目中来，并且做出实际贡献的人，都可以按一定比例分得业绩；对外，我们要做好团建工作，培养融洽的同事关系。

我们来详细解读一下这个"由内而外"的方法。首先是"内"，也就是业绩分配问题。要知道，大家做的都是销售工作，完成更高的业绩是每个销售人员的天职和使命。所以，对于任何一个销售，他思考问题的最大切入点一定是业绩；如果一个项目或者一个配合不能给其带来期望的业绩，他就不会有足够的动力去做。如果你希望你的同事能够积极主动地配合，那就把他拽入你的利益链之中。所以，为了激发出主观能动性，我们一定要有相应的业绩分配制度。像上面的例子当中，我们可以约定一些业绩分配比例，比如售前的技术评估以及商务对应可以拿到70%的业绩比例，当机器发送到另外一个区域，需要做售后调试时，需要给予其30%的业绩比例。有了这样的利益分配，就不用过于担心配合的问题，因为同事既然拿了业绩分成，就必然需要承担一部分工作，这是职责所在。

"由内而外"的方法除了"内"，我们还有"外"。除了搞好利益分配，我们还要搞好同事之间的关系。要知道，相互配合的主体是人，搞定了"人"，你就搞定了项目。像上文中的案例，你拿起电话联络同事，告知项目的情况和进展，提出需要及时的售后配合，如果你们俩关系不错，他会推三阻四吗？而相反，假如你们之前关系很淡薄，甚至有过"不愉快"发生，当面对这种需要配合的项目时，难度就会增加很多。这个时候，项目的配合往往发生时间拖延，影响客户的满意度。因此，我们一定要加强团建工作，搞好同事关系，形成一种互帮互助的工作氛围，协作搞定大项目！

其实，区域分配不是问题，问题是如何管理好负责区域的"人"。面对跨区域的配合，我们要由内而外，内部做好利益分配，外部搞好同事关系，这样，跨区域配合的难题便会迎刃而解。

主动化解与客户的矛盾

销售工作的主要内容就是和客户打交道,在销售过程中,难免会和一两个客户存在一些"工作摩擦",产生工作上的矛盾。

很多行外人会说,做销售的怎么能和客户产生矛盾呢?"客户是上帝",产生了矛盾你还怎么做生意?表面上看起来,这句话是有道理的,但其实,产生矛盾也是一个必然现象。核心的原因在于双方代表的利益是不同的,而且,利益点没有重合,双方为了公司和个人的利益发生争执,就必然引发矛盾。

比如说,你卖一台生产设备给客户,你认为客户实力雄厚,卖价稍微高一些,10万元。客户本次项目的采购人员认真负责,做了很多市场调查和询价,认为你的报价过高,售价在6万元才比较合理,提出了大幅降价的要求。降幅达4万人民币,这会使你的利润直接下降4万,你回复客户是不可以接受的;但同时客户坚持认为6万为合理价格,也没有任何增加预算的意思。于是,双方就价格产生了争执,存在了矛盾:客户认为你价格虚高,为人不厚道;你认为客户店大欺客,故意压价。

上述简单的案例中,双方是存在共同利益的,销售人员卖出机器产生业绩,客户购买机器提高生产效率,大家各取所取,利益相关。但是,双方的利益点并没有完全重合。你认为设备值10万元,客户认为值6万元,中间产生了4万元的"利益缝隙",这就是矛盾的发生点。如果大家的利益点能够接近或者重合,比如双方都认为8万元为接受价格,那么"利益间隙"会减小或者消失,就会形成真正的一致利益,矛盾自然消失。

通过上面的分析，我们了解到产生矛盾也许是隐藏在"骨子里"的必然事件，但是很多情况下，矛盾并没有产生，主要在于大家找到了"利益重合点"。那么，如果双方没有找到"重合点"，发生了矛盾怎么办呢？面对矛盾，我们的核心思路就是勇于破冰——找准利益点，主动化解矛盾。

"勇于"和"主动"是化解矛盾的关键词，产生了矛盾，我们不要拖延和逃避，要积极地想办法解决，主动去联络客户。我接触过一些销售人员，他们很大的问题点在于：一旦和客户产生了"不愉快"，就不想主动联络客户，把问题放在那里，也不想办法解决，能拖多久就拖多久。当领导提出让其主动联络客户时，一脸的不情愿，摸着电话就是拿不起来。我们可以想象，在这种状态下，怎么可能解决问题呢？所以，我们一定要抛弃这种不良的状态，积极主动地去联络客户。永远不要老是想着让客户来主动和我们协商，要记住，在销售领域，如果你想要长久地去做生意，在双方僵持的时候，一定要主动放低姿态，给对方一个台阶和信号，这样才能既解决当前矛盾，又维护了长期的合作关系。否则，你让客户主动去联系你，客户会认为你是一个缺乏度量和合作意识的人，后续绝对不会把你当作优先的合作对象，而一旦有强有力的竞争对手介入，那么你就丢掉了一个客户。

举个例子。客户有个项目，在售前你做了实际测试，客户认可并且下单。但是，客户在自己的实际使用环境中发现了很多问题，导致无法正常运行。客户认为是你的产品出现问题，提出要更换型号；而你认为是客户环境问题，不能更换，需要重新购买。如果直接更换，已经卖出的产品会报废掉，会对你的利益造成损失；而如果不更换，客户无法正常使用，会对客户利益造成损失。双方来回争吵，都认为是对方的问题，矛盾迟迟无法解决。这个时候，双方都很有情绪，千万不要去争吵，因为这样只会激化矛盾。应该提出解决方法，把事情一步步引领着往下走，而且，一定要主动迅速，否则，客户很可能说："大不了我们不退了，我们去找其他供应商解决。"这样就引入了竞争对手，使后面的销售难度加大。因此，我们要迅速地给出一些折中的方案，和客户磋商，比如说："按照公司规定，卖出的产品难以更换，而且我们都做了事前评估，你们是认可的。这样行不行，本产品不换，另外一个型号的产品我申请低价，尽量减小损失。"客户也许会同意，矛盾顺利解决，如果不同意，双方可以继续协商，直到矛盾解决。

这才是面对矛盾时，我们应该做的事情。一旦矛盾得以解决，不论过程多么艰辛，或者过程中存在多少"摩擦"，都会随着时间而忘记，客户最终只会记得在双方的努力下，问题解决掉了。这对于双方都是好事。

第八章

做好需求分析,找准市场突破口

市场和需求是客观存在的,关键在于如何去发现他们。市场在哪儿?在你的头脑和心中:用"头脑"去思考市场的方位,用"心"去挖掘市场的宝藏。

"三步走",突破销售难点

销售人员这样讲"这个区域比较难做""最近的业绩要看天吃饭""王工那边区域好,业绩高"等等之类的话,言语中透露着销售人员对于目前市场开发难度的评价。其实,很多销售人员总喜欢很感性地去理解和分析市场,忽略了市场的本质。他们对于市场的理解,存在很大程度的主观上的偏差。那么,我们该如何看待市场的难易程度呢?

首先,我们要清楚,为什么很多销售人员总是反复使用"难""易"等字眼来评价市场,对于销售人员而言,一个市场的困难与否是相对于什么来说的呢?答案很简单,就是市场潜力与业绩目标的对比:市场潜力越大,业绩目标越低,就越容易;市场潜力越小,业绩目标越高,就越困难。

比如说,假如一个区域市场的销售潜力在100万元,业绩目标定50万元,经过销售人员的努力,轻松完成了目标,从实际销售过程和业绩结果来看,会相对比较容易;但是如果业绩目标定200万元,尽管销售人员尝试做了一些努力,但是仍旧没有完成目标,这个时候,有的销售人员就开始抱怨连天。

所以,从本质上来看,销售人员口中的"难易",其实是市场潜力相对于业绩目标而言的。

看清了"难易"的本质,我们接着来分析,现在我们手中有两个比较量,一个是市场潜力,一个是业绩目标。客观来讲,如果没有重大意外事件发生,排除掉一些"黑天鹅"事件的影响,市场在短期内是客观稳定的,不会突然大起大落,我们姑且理解为固定量。而业绩目标呢,则是人为制定的,我们可以理解为变量。市场潜力是固定量，业绩是变量，比较的结果取决于变量，也就是业绩目标：变量＞固定量＝容易，变量＜固定量＝困难，即业绩目标＞市场潜力＝容易，业绩目标＜固定量＝困难。所以，经常挂在嘴边的"难易"不是市场本身造成的，是制定业绩目标后，比较出来的！

一般来讲，公司会对各个市场区域做一个综合评估，从而制定合理的业绩目标。当目标制定下来后，短期内业绩目标这个变化量就成了固定量，这个时候，市场潜力和业绩目标都成了固定量。虽然没有了变量和固定量的比较，但是很多销售人员还会提到"困难容易"等字眼，那么，他们的实际意思是什么？其实，他们在说某个区域的客户比较难做，没有那么容易攻略。

比如说，一个区域内，A和B两家客户同时询价。我们报价后，A客户迅速下单，完成交易，而B客户，一直在讨价还价，给你造成一定的压力。

那么，你觉得哪个客户比较好呢？站在销售人员的角度看，当然是A客户好，报价即下单，业绩来得多么容易。而B客户呢，价格方面一直讨价还价比较难搞定。所以，大部分人会简单地认为A客户更好。

但事实真的是这样的吗？你有没有发现我们一直是站在销售人员自己的角度去看待问题的呢？我们习惯于从自己感性的角度去判断客户的"好坏"和攻略的"难易"，而缺少实事求是的理性判断。我们说B客户不好的原因之一在于其总是讨价还价，影响项目的进行。但是如果从客户的角度看，他们讨价还价，寻找购买渠道，属于很正常的采购行为。这是一个负责任的采购人员，他这么做是为公司节省成本。而这一点在销售人员那里却成了"难攻略"的理由，你认为这样的评价合理吗？

所以，无论从市场角度考虑，还是从客户角度考虑，"这个区域比较难做"本身就是一个伪命题。

销售工作需要感性，但更重要的是理性的分析。一个区域的市场是难是易，我们不要带着偏见去看待。当很多人对于一个区域的市场评价不高时，不要被这种主观评价所影响。对于一个理性的销售工程师而言，需要"三步走"来认清市场和客户：一是研究区域的市场潜力，制定合理的销售目标；二是分析区域的客户特点，各个击破；三是时刻保持"机会注意"的积极乐观心态，相信总会有好的机会出现。

深入了解市场，搜集有效信息

• **了解市场，把握方向**

作为一名销售人员，当你担任工作后，公司会给你分配一个区域，让你来负责整个区域的技术、销售、服务等。拿到一个新的区域后，不要头脑一热，激情澎湃，盲目地去跑市场。首先要做的，是要静下心来，去了解市场，分析市场，把握销售的方向。

对于一个销售工程师来讲，最为重要的是了解所负责的产品在某个区域的市场状况，即产品+区域。要知道，同一款产品在不同的区域销售状况不同，同一个区域不同系列的产品销售状况也不同。如果对于市场不了解，你就无法制定有针对性的策略，造成后面销售行为的无序和低效。

所以，通过从宏观层面了解区域的市场状况，我们可以把握产品的销售方向，有的放矢，为下一步的销售工作提供指导。

通过上面的简单说明，我们已经意识到了市场的重要性，下面就一步一步地去了解市场。在资源、精力有限的情况下，我们有什么方法可以在短时间内快速了解市场呢？下面我们列举几种方法。

• **查询过往的销售记录**

了解过去才能更好地预测未来，查询过往销售记录无疑是高效率地了解市场的方法，因为记录中包含了客户大量的信息，只要我们善于挖掘，就能洞察到有价值的信息。而且，现在很多公司都有自己的销售管理系统，里面详细记载了各种销售记录，这对于分析市场来讲是非常宝贵的数据。

1）购买过产品的公司

对于销售记录而言，首先要了解的是购买过你产品的公司，这背后的逻辑主要有两点：一是既然购买过你的产品，那么该客户对你的产品会比较熟悉和认可，再次购买的可能性很大，能在短期内提升你的业绩；二是通过对已购买过产品的公司的研究和归纳，我们可以对产品的行业分布等规律进行研究，为下一步策略的制定提供有力的依据。

我们根据购买过产品公司的记录，从不同角度进行了分析并提出一些值得思考的问题，比如客户的行业占比、不同产品的销售量占比，以及购买的时序图，等等。这些数据，只要进行初步加工，就能得到很多规律性的东西。所以说，销售记录是非常有价值的数据，这对于我们快速了解市场是大有裨益的。

2）了解以往的活动

"好记性不如烂笔头"，现在很多公司为了防止关键事情的遗忘，会要求销售人员将自己的活动输入系统，比如和客户沟通的电话内容、拜访记录，等等。一方面，可以方便销售人员自己去查阅之前的活动，防止忘记或者重复一些销售动作；另一方面，当出现区域变动，其他同事接手该区域后，可以快速了解该区域的动态状况，做到无缝衔接。

3）销售记录中最具价值的 6 个问题

围绕销售记录，我们从购买过产品的公司和活动记录这两个方面进行了介绍。其实，销售记录中所包含的信息非常之多，而且随着销售数据的累积，数据量的增长，整理和分析销售数据会变得越来越复杂。但是，对于一名销售人员而言，我们的目标是要创造更高的业绩，数据仅仅是我们制定销售方向和策略的工具，千万不要迷失在数据里面。为了方便销售人员快速而有效地掌握销售记录，我们提出"6 个最具价值"的问题。如果这 6 个问题的答案你能明了于心，就说明你对于已有的销售记录已经基本掌握了。

	问题	原因
1	近5年每年的销售额是多少	了解该区域的体量大小和销售额变动趋势
2	近2年平均每月的销售额是多少	了解平均每月的基础业绩（base）是多少
3	近5年每年交易金额最大的10家公司	了解重点客户以及每年变动情况
4	近2年平均每月的交易客户数是多少	客户越多，交易的基础越稳定
5	近5年每年交易额最高的3个行业	了解重点行业分布状况
6	第5问题中每个行业卖得最多的型号是什么	了解不同产品的占有率

- **多样化信息渠道**

前面，我们从销售记录的角度展开了对于市场的了解。这种方法的优势在于我们能够根据销售历史，在短期内迅速了解整体的销售状况。但是，这同样会带来一个问题：市场是不断变化的，我们面临的市场是"未来的"市场，而销售历史是"过去的"，所以仅仅通过销售历史了解瞬息万变的市场是远远不够的。要想成为销售高手，需要有前瞻性的视野，这就要求我们通过其他信息渠道来获取更多有效的市场信息。

信息社会最不缺少的就是信息，在精力有限的状况下，我们如何利用好有效的信息呢？从销售的角度看，把握三个渠道的信息就可以有效地掌握市场动态。

1）官方信息

一个国家往往会从宏观的角度制定各种具有引导性的政策法规，这些信息往往能够释放出很多潜在信号。了解官方信息，对于把握宏观市场走向，发现有价值的市场是很有帮助的。这些信息也许在短期内不会带来销售业绩的增长，但是从长期来讲，无论对于公司长期的业绩增长，还是对于个人综合能力的提升，都是有益的。在获取和了解官方信息的时候，不要急功近利，要广泛涉猎。

那么，如何高效地获取官方信息呢。下面列列举三种方法：

时政新闻：时政新闻的背后往往隐藏着有价值的信息，建议可以去新华网、人民网等官媒了解最新的实时动态。

政府报告：无论是总理政府工作报告还是各部委的报告，其权威性和指导性都是首屈一指的。而且，报告往往总结精炼，便于阅读，不失为简单高效的获取官方信息的方式。

政府官网：现在国家强调政务的公开透明，透过政府官网，我们可以搜寻到很多有价值的信息。上至国务院相关的部委网站（商务部、发改委等），下至各地方政府网站，都可以查询到很多信息。

2) 行业信息

对于一个销售人员而言，具体的销售行为一定是发生在某个行业之中。所以，了解并熟悉一个行业，对于预测未来的销售潜力是很重要的。我们可以通过浏览某些专业的行业网站或者订阅相关的行业杂志获取实时的行业动态。

另外，随着移动互联网的普及，我们可以利用空闲时间，通过手机获取更多的咨询，比如，我们可以关注很多行业微信公众号来了解最新的行业动态。

3) 公司信息

我们常常说"攻略XX公司"，攻略之前，要先了解这家公司，才能进一步的攻略，正所谓"知己知彼，百战不殆"。各个公司的情况不同，所以了解的方法也不一样。对于上市公司，信息披露比较及时准确，而且又有众多投资者盯梢，所以可以通过公司的网站或者股东大会的相关信息，来了解该公司内部的运营状况。对于非上市公司，我们可以通过他们的公司官网，了解该公司的业务范围、组织结构、客户群体等关键信息。

了解市场，开启了销售人员征程的第一步。尽管我们可以通过各种数据、各种方法去分析市场，但是市场总是变幻莫测的，不要老是想着去"驾驭"市场，而是要像人类敬畏自然一样，保持一颗敬畏之心。

了解产业链，制定销售策略

全球化是当今时代的基本特征，随着全球化趋势的深入，各个行业的分工越来越细，一条产业链上的生产节点也越来越多，要做到全产业链"通吃"是很困难的事情。所以，我们只有在全球化的生产体系中协作生产，专业分工，才有可能置身于全球产业链上的任何一环。对于一名销售人员来讲，意识到自己所处的产业链，有什么积极的意义吗？

意义当然有，一句话讲：意识到自己所处的产业链，能够帮助你跳出行业藩篱，从全局的角度把握行业大势。

任何人都无法违背市场的趋势，如果逆势而行，必然走下坡路，只有看准趋势，顺水推舟，才能更好地在市场大潮中前行。对于一名销售人员，只有看准了行业方向，以此制定相应的销售策略并为之努力，才能卖出更多的产品，带来更多的业绩。如果前期连方向都搞偏了，即使花费再多的时间，进行再多的努力，也收效甚微。

举一个简单的例子。A销售员从事工业传感器的销售，客户群体主要面向所有具有工厂自动化改善项目的公司。A刚刚接手负责一个新的区域，干劲很足，每天都不停地电话联络客户，主动地登门拜访，但是一年下来，业绩平平。为了能有所起色，A开始重新分析市场，他把区域内的公司做了行业整理和划分，发现该区域的液晶设备公司最为集中。而且，他进一步调研发现，随着智能手机、智能电视等产品的需求量激增，液晶面板需求量上升，液晶厂商开始不断投资新厂房、新产线，对于相关生产设备的需求很强烈。有了以上的信息后，A更改了销售策略，集中火力，攻略该区域的液晶设备公司。经过半年多的努力，传感器销量持续增长，业绩突飞猛进。

通过上面的例子，我们可以体会到抓准产业链的重要性。A 开始没有分析并选择行业方向，也无法站在产业链的角度去把握行业趋势，所以尽管付出了很多，还是没有得到很好的结果。经过信息的汇集整理后，他发现了隐藏在背后的产业链，获得了更多的投资情报，带来了业绩的增长。我们回头来看，这条产业链的脉络很清晰，我们可以通过"箭头法"将产业链表示出来：

通过"箭头法"表示出相互的需求关系，产业链上的逻辑顺序就很明了：智能手机、电视的生产需要液晶面板，随着智能手机、电视的需求增加带来液晶面板的需求增加；而液晶面板的需求增长，进一步带来液晶设备的需求增加；液晶设备需要使用传感器作为基础零部件，液晶设备的出货量增加，传感器的销售量自然也就增加了。产业量上的每一环都有承上启下的作用，如果细细拆分，上述的每一个环节还能继续分解出更多的"小微产业链"。为了更为直观的判断销售趋势，我们可以采用物理学上的"黑盒法"来隐去中间纷繁复杂的环节，即"只看首尾去中间"。比如，上述的产业链中，开头的是"智能手机、电视"，结尾的是"设备传感器"，由此，我们可以得出结论：只要智能手机的需求不断增加，传感器的需求一定也会增长。因为整条产业链环环相扣，共生共荣，只要产业链顶端的需求不断增长，就能带动全产业链成长。所以，当你把握传感器行业趋势的时候，难道还仅仅是局限于行业本身吗？意识到自己所处的产业链，站在产业链的角度分析，也许能看到不一样的风景。

再比如，现在热炒"工业 4.0"，我们可以用"箭头法"做一个简单的分析。"工业 4.0"的直接需求是什么？是自动化的设备，通过设备代替人工，实现自动化和智能化。那么，自动化设备的直接需求又是什么？是各种各样的传感器，通过各种传感器的信号采集和传输，完成设备的自动运转。所以，又一条产业链呈现出来了：

工业 4.0 → 自动化生产设备 → 工业传感器（传感器、智能视觉、PLC）

如果我们采用"黑盒法"来分析，便可以得出结论：只要"工业4.0"欣欣向荣，传感器行业一定会有持续稳定的发展，这就是行业大势！

如果能够抓住欣欣向荣的产业链，我们就能够共同成长，但如果抓住的是"夕阳产业链"，那么，只能说"前途未卜"。比如说，硬盘行业曾经是一个持续高增长的行业，但是随着产品越来越标准，竞争越来越激烈，利润越来越低，加之网络云存储的崛起，整个行业的成长性越来越低。考虑到人工成本上升，很多硬盘行业大公司把制造基地搬到印度等劳动力成本较低的国家。所以，从国内看，如果你置身于"硬盘产业链"中的一环，不要奢求有突飞猛进的业绩增长，因为行业趋势早就为你的业绩定下了"基调"。

所以，各行各业的销售同胞们，作为"一条绳上的蚂蚱"，除了低头努力工作外，还要花点时间思考一下，你自身所处的产业链是否是一个有增长性的产业链。如果是，那恭喜你，选对了行业；如果不是，也没有关系，充分意识到自己所处的产业链环节，获取更多的产业链上下游情报，你可以对未来做出更精准的预测，然后及时摆正自己的人生航向。

第九章

提升销售领导力

销售人员除了埋头在一线的"销售战场"上拼搏，获得战果，还要学会管理。而管理的对象不仅仅是自己手中的客户，还要管理项目、管理区域、管理自己、管理新人，甚至管理"老板"。

销售管理方式：结果导向和过程导向

不同公司对于销售人员的管理方式是不一样的，如果我们从销售流程的角度来看，可以将对于销售的管理大概分为两类，"结果导向"和"过程导向"。所谓结果导向，就是根据最终的销售结果，对销售人员进行评估，比如每年的销售业绩；所谓过程导向，是根据销售过程中的一些行动指标，对销售人员进行评估，比如每月的电话数量，每月的拜访数量，等等。那么，对于销售类型的工作，怎样的管理方式更为合理有效呢？

在讨论之前，我们需要先明确销售这个职位的职能是什么。简单讲，销售就是帮助公司推销更多的产品和服务，为公司直接创造经济利益。所以，卖出更多的产品，创造更大的利益，是销售人员的核心工作。那么，很明显，以结果为导向的管理方式就是围绕核心工作展开的。我们给销售人员制定一个结果目标，比如制定年度业绩目标，如果销售人员能够达成业绩目标，我们就可以给予好的评估。这种管理和评估手段，看似简洁，其实并不简单。说简洁，是因为只有一个很明确的业绩数字放在那里，大家都看得到，看得懂，只要能达到或者超越这个数字，就能得到优秀的评估，否则，只能评估不及格；说不简单，是因为要达成业绩目标要付出很多实实在在的努力的，并不是随随便便轻易能够达成的。所以，对于以结果为导向的管理方式，目标的制定是很关键的。业绩目标不仅仅是一个数字，在它的背后包含了市场状况、历史业绩、未来潜力等等因素，这应该是一个很理性的数字，一定要多加思考和评估后再给出结果。

尽管以结果为导向的管理方式很贴合销售职位的核心工作，仍然会有人提出两点不足：

1. 市场原因会导致有的区域业绩好，有的区域业绩差，以结果为导向会忽略公平性。

2. 销售人员提前完成业绩后，就会放松，没有发掘人力的最大价值。

针对上述的两个问题，我们仔细思考下，这两个问题真的是"问题"吗？第一点提到了市场不同造成的区域公平性问题。就像刚才说明的，目标的制定是很关键的，一个合理的目标是已经包含了市场因素的，可以保证不同区域的公平性。比方说，A区域比B区域客户质量高，市场环境好，如果我们制定一样的业绩目标，那显然是不公平的。所以，要保证公平性，B区域的业绩目标是要低于A区域的，至于低多少，这就牵涉到目标制定的方法了，我们可以参照很多有效数据来制定目标，比如相对去年同期的成长率，相对今年上半年的成长率，短期内可以预见的投资状况，等等。所以，目标虽然是一个简单的阿拉伯数字，但是在数字的背后，是综合考虑了市场因素的，所谓的公平性问题也就通过合理的目标制定迎刃而解。

至于第二点，说没有挖掘出销售人员的人力价值，这种想法就有点"周扒皮"式的思维方式了：老想着让员工不停地工作，停不下来才好。业绩目标制定后，配套好激励机制，就会在销售人员的头脑中树立明确的目标意识，为了领取激励，销售人员会想方设法地去完成目标。如果能够提前完成目标任务，说明销售效率高啊，这不是一种值得褒奖的销售行为吗？提前完成任务休息一下，其实也算是一种时间上的福利，没有什么不好。至于担心销售人员自己会完全放松下来，这倒没有必要，尽管完成了本月的业绩目标，但为了拿到更高的激励，你以为他自己不会最大化自己的业绩吗？他自己不会为下个月的高业绩目标提前做准备吗？要知道，你管理的是人，不是机器。人的行为充满了灵活性，所以，对于人的管理切不可机械死板，要从人的思维方式入手去管理。

与结果为导向相对的就是过程为导向，他们看中的是销售过程中的行动数据。比如一天打了多少个电话，一天拜访了多少家客户，每月产生了多少新的项目，等等。这样的管理方式自然有它的好处，通过把每一个销售行为数据化，形成方便管理的行动目标，有了好的的销售过程，结果自然不会差。可以说，以过程为导向的管理初衷是非常好的，关键看你怎么用，用不好，就会适得其反。比如，公司规定，每天必须完成8家客户的拜访量，也许开始的时候销售人员干劲十足，每天完成过程目标，但久而久之，就会感到很疲惫。首先，客户资源就那么多，尽管有很多新开发的客户，但也赶不上你的拜访速度啊。客户也不都是闲人，有事没事就去人家客户那边，客户是接待你还是不接待你呢？其次，有些项目从电话里面就可以确定是否有进行下去的可能性，但为了凑拜访数量，还专程跑过去拜访客户，这不是一种时间和成本的浪费吗？处理拜访的数据，如果我们铺开来看，很多销售人员为了完成各项行动数据而故意"做数据"，其中包含很多不真实的数据，比如实际拜访了6家客户，而在系统输入了8家，造成拜访量增加的假象，如果连原始数据都出现了问题，后面的分析还有什么价值？而且，不真实的数据会得出不正确的结论，进而误导销售策略的制定。时刻要记得，销售人员的核心工作是创造更多的经济利益，而不是沉醉于过程数据中，在"数据大海"中迷失了方向。所以，这就是管理的艺术，好的管理是初衷和结果一致，不好的管理方法，就会造成初衷和结果背道而驰。

在中国新中国成立之初，由于物资紧缺，国家采用了计划经济的资源配置方式。比如每家每户每月配备多少粮食、油、布匹等等，这在当时物资匮乏的环境下的确起到了很大作用。但是随着物资越来越丰富，这种计划经济的方法越来越制约国家的发展。所以国家放手，从计划经济改为了市场经济。国家不再具体规定分配的资源，就制定一个目标，大力发展经济，大家可以各自开动脑筋，只要能赚钱、不违法，都可以放开手干。因此，中国经济得以腾飞。听着是不是有点类似的感觉。过程导向就有点像计划经济，结果导向就像市场经济，计划经济最终被淘汰，而市场经济发展得如火如荼。

管理市场和管理销售都需要经济学的思维方式，因为这都涉及资源分配的问题。市场有多种资源的配置，同样，对于销售人员，也包含了对其精力、时间等资源的配置。我们将太多的精力放在一些所谓过程的管理上，必然会将较少的精力放在项目的思考上，思考的少，就挖掘不出问题的本质。本文讨论这么多，并不一定是说要在结果导向还是过程导向分个胜负。两种方法各有优劣，我们要取其优点，摈弃缺点。一个好的销售管理方式，应该是结果导向为主，辅之以过程导向，制定并完善一个全面、合理的评估制度。

无激励不销售——销售激励机制

销售最核心的工作是完成公司制定的销售业绩目标，帮助公司赚更多的钱。完成目标的方法有很多，最重要的是让销售人员充分发挥个人的主观能动性，有足够的动力去积极地达成目标。但是，如果没有有效的外部激励机制，一个人很难仅凭自己的意志力去展开长期的销售工作。况且公司是一个群体集合，每个人的性格、想法、思路都是不一样的，仅仅靠一些命令型的权力手段，很难从根本上统一大家的想法，增强大家的战斗力。因此，对于销售工作的管理，必须采取相应的激励措施，才能实现业绩的最大化，正所谓"无兄弟不篮球，无激励不销售"。

激励的方法总是不一而足，那么，怎样的激励机制才算是合理有效的呢？不论采用什么方法，激励的核心思路可以归结为一句递进的话：必须实现公司业绩和个人利益挂钩，而且要有较强的利益相关关系。

上面的核心思路有两层意思，一是说明了公司业绩和个人利益的关系，二是说明了这层关系的强弱。对于公司的销售部门来讲，很多公司都有意识去建立公司业绩和个人利益的关系，比如大部分公司的销售都具有一定的销售提成，卖得越多，提成越多。但仅仅是有挂钩关系是不够的，这层关系的强弱才是真正决定激励机制的有效与否，才能决定公司业绩是否能够持续高速增长。

比如，一家公司看似是有提成这种利益挂钩的关系，但是提成分级制度不强，一个销售人员每月干出50万元的业绩和100万元的业绩，所拿的薪酬差不多少，那你认为他会有足够的动力去争取100万元的业绩吗？要知道，销售人员长期置身于相对自由的市场中，头脑比较灵活，在他们自己心中也一直在权衡工作付出和业绩回报的关系：多干50万元的劳动付出和回报所得是否能够匹配。多干50万元的业绩，意味着更多的工作量，比如要拨打更多的电话联络客户，行驶更多的里程登门拜访，进行更多的商务谈判磋商合同条款……如果激励关系不强，那对于一个雇佣关系的"经济人"，心里都会产生这样的疑问：我有必要去付出这么多吗？心态一旦出现动摇，销售人员的销售行为就会发生改变，销售人员不再拿出最积极的心态去最大化地完成业绩，而是会做个"差不多"就可以了。因为经过销售人员的权衡，他们发现更多的付出并没有换来更多的回报，所以，他们做出这种决定是充满理性的，我们是可以理解的。但是，如果站在公司的角度看，虽然这没有给公司造成直接的经济损失，但是间接造成了一种"隐性"的损失。因为公司本来这个月可以赚100万元，由于销售人员的懈怠，仅仅赚了50万元，这样就少赚了50万元，相当于比预期"损失"50万元。通过这种"经济学计算"，而非"会计学计算"，我们可以发现，一旦激励机制变弱，会给公司造成很多"隐性损失"。

但是，如果我们加强利益的相关关系，制定合理的激励制度，效果也许就完全不一样。比如说，公司规定，100万元的业绩比50万元的业绩能拿到更多的奖金薪酬。在制度的刺激和激励下，销售人员的想法就会悄然发生改变，他们的心态也许就是另一番景象：这个月已经干了50万元了，虽然完成了业绩目标，但是如果能再多干50万元，我会拿到更多的钱，一定要争取干到100万元。有了好的想法，自然会有好的行动，外部激励制度已经转化为了内部的自我激励。为了完成100万元的目标，他们会想尽一切可能甚至看似不可能的方法，去争取更高的业绩。要知道，一个人如果有足够的意志和行动，能做成事情的概率是非常大的！所以，一个原本只是干出50万元业绩的销售人员，通过公司的外部激励制度，将业绩干到了100万元，业绩翻番，挖掘了更多的市场潜力。在给公司赚取更多利润的同时，自己也收获了更多的物质奖励。

为了更真实地意识到激励制度的重要性,我们可以算一笔账。一家中型规模的公司,全国大约有 50 个销售人员。如果激励制度不够完善,利益相关关系太弱,导致销售人员不能最大化地去完成业绩。假设平均每个销售人员由于激励的原因每月减少 10 万的销售额,这样每月全国就减少了 50×100000 = 500(万元)的销售额,一年下来,就减少了 5000000×12 = 6000(万元)的销售额!5 年下来,相当于减少了 3 个亿的销售额!是不是计算出一身冷汗?这么大的"隐性损失",可以想象销售人员错失了多少订单,少挖掘了多少市场潜力,我想,如果把这些"隐性损失"里面的一小部分钱拿来发奖金,也用不了多少吧。这提示我们,一定要制定好公司的激励制度,做企业除了心细,还一定要"大气"。

从上面的几个例子中,很容易看出良好的激励机制所带来的效果。记得多年之前营销大佬史玉柱曾不经意间总结过这样一句话:我发现,当给员工发更多的奖金的时候,人均的产出是最多的时候。其实,这就是讲公司业绩和个人利益的挂钩关系越强,员工就更有动力工作,员工的单位产出就越多。从人力资源的角度来看,人力是公司最宝贵的资源之一,很多公司并没有充分利用好这项资源。利用的方法说难不难,其实和一家公司评估项目本身是一样的:建立良好的激励机制,达到最佳的投入产出比。

有效的销售管理

很多销售类型的公司非常注重销售数据，他们期待能从销售数据中发现市场端倪，为下一步销售策略的制定提供强有力的数字依据。数据本身是客观存在的，数据是销售工作的有力工具，学会分析数据是件好事。但是，当我们在分析这些客观数据的时候，要时刻记得数据的来源和我们分析数据的初衷是什么。首先，数据是来源于具体的销售项目，正是由于每一个奋斗在一线的销售人员不断地去跟进众多的项目，才逐渐产生、累积形成了大量的销售数据。因此，项目是数据的主要和最终的来源，没有项目，就没有数据。清楚了数据的来源，我们再来思考分析数据的初衷：花费大量精力和时间分析了海量的数据，到底是希望分析什么？希望得到什么？难道仅仅是为了分析五花八门的数字，去玩弄数字游戏吗？通过玩弄数字能产生实际的业绩吗？当然不可以。从本质上讲，我们期望能够通过数据，来分析数据背后的项目，为实际的销售项目提供策略，取得订单，这才是我们分析数据的初衷。所以，无论你怎么分析，采用什么工具分析，究其根源，都逃不开最终的销售项目，我们所做的一切销售分析、销售策略都是围绕项目来的。基于上面的思考，我们的观点来了：我们是否应该更多地从项目本身去管理销售工作，而不单单是通过众多的销售数据呢？

我认为，这种管理方式是可行的，不过前提是要分层级管理。要知道，作为公司的高层管理者，每天的事情非常多，精力有限，如果每个项目都去跟进确认，是不现实的。所以，对于他们来讲，更多的是通过一张销售数据表格，来透视背后的整体市场趋势，把握项目脉动，提出有针对性的想法和策略，然后交由销售人员去具体实施。因此，销售数据分析仍然是高层管理者首选的高效率工具。

那么，我们提到的项目管理方法主要是针对公司的哪些人群呢？主要是针对一线的销售人员和中层以下的管理人员来做。之所以这样说，原因很简单，对于大部分一线销售人员而言，区域有限，精力有限，可能每天也就拜访几家公司，每月也就那么多项目。从月度的时间跨度来看，这些销售动作不会产生非常大量的数据，所以，即使你去分析数据，也很难分析出个所以然来。与其绞尽脑汁地去分析那些无聊数据来应对领导的问话，不如从项目本身着手，分析项目本身目前所处的状态和对应的策略。比如，某个销售人员每月拜访30家客户，最终产生了5个项目，产生的数据量并不大，但是公司要求销售人员分析数据，表格中包含了业绩增长率、交易客户行业分布、电话数量、拜访数量、项目来源、项目成功率、关键人数量……销售人员只得坐在电脑前，不断地去完善数据，然后期望从中发现明显的规律，帮助自己达成业绩。你想想看，掰着手指头数，来来回回就5个项目，你能分析出来什么？只有数据量足够充分，才能从"大数据"中发现有效的规律，否则，一切分析都是徒劳。

因此，与其玩弄那些"华而不实"的数据，不如老老实实地去一个一个的分析项目。举个例子，销售人员可以制定一个月度的项目管理表，列出本月所有的项目和项目进展，举例如下：

项目名称 （1月份）	对应公司	具体应用	机器选型	关键人	目前进展
手机镜头检测	HUAWEI	防抖动测试	AA	李明	技术评估中
发动机检测	HONDA	转速稳定性测试	BB	Koji	测试通过，董事长尚未签字确认
包装检查	WAHAHA	缺陷检查	CC	宗总	评估通过，等待采购流程

这种项目管理表的方法有两个直接的好处：一是引导销售人员去认真梳理目前的所有项目，捋一下项目思路，更好地掌握项目的进展；二是表格一目了然，很方便上层的管理人员直接确认项目的进展，提出疑问和建议。这样，就不用在电脑前盯着一大堆有用和无用的数据，花一大堆时间试图去寻找数据中的规律和疑点，然后再找出疑点背后的项目，最后再质询销售人员，这种方法是非常低效率的。而且，通过项目管理表格的方法，会在潜移默化之中引导销售人员和管理人员回归到项目本身，思维方式回归到销售的思维，而不是数据管理的思维。

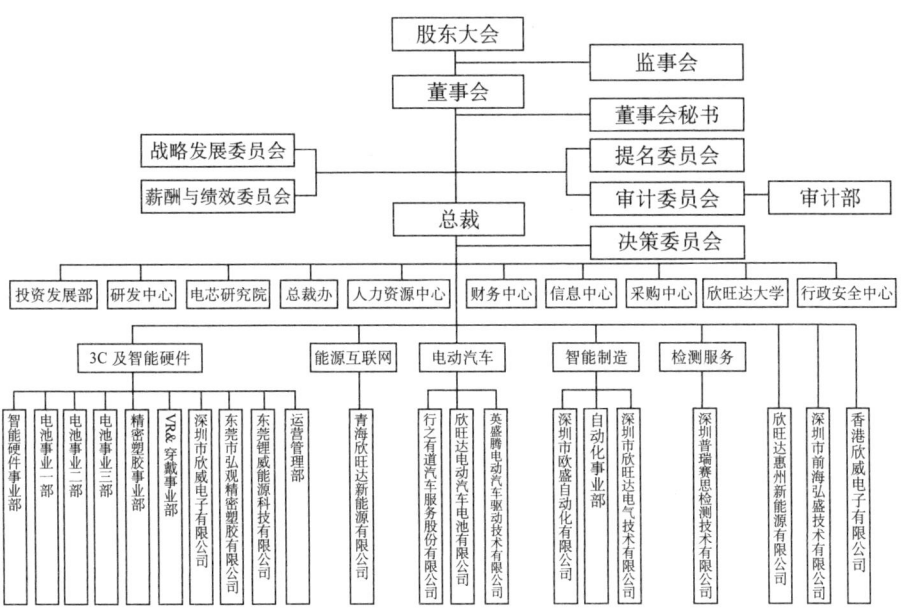

比如，当我们拿到这个表格时，会从项目本身去探讨项目：现在的测试结果如何，选用的机型是否合理，关键人那边是否需要一些有效活动，需要通过哪些方式加快目前的项目进展……当我们将更多的精力放在项目上时，会及时地发现项目的问题点并提出解决方案，取得订单的可能性会大大增加。而如果我们按照数据管理的思维去跟进项目和管理销售人员，"画风"就显

著不同了，也许我们会抛出这样一系列的问题：你的电话数量怎么下降了？这个月的成长率不高啊？从拜访到卖出的比率下降较多啊……这些更多的是从数据角度去做一些不痛不痒的数据分析，丝毫没有分析出数据背后的项目，更无法为具体的项目提供最直接的指导意见。如果销售人员听从了你的数据意见，很有可能从数据的角度去改善销售动作，比如增加拜访数量，增加客户重复购买数，等等，所有的销售动作都被数据牵着走，这是很被动的销售方法。这样持续下去，久而久之，人浮于数据，会忘却了销售的本质。通过下面的表格对比，我们可以明显感觉出两种思维的不同。

销售思维	数据管理思维
现在的测试结果如何	电话数量怎么下降了
选型是否合理	本月成长率不高
客户关键人是否需要活动	拜访到卖出的比例下降
什么方式可以加快项目进展	……

在这个世界上，解决问题的方法有很多，但不论你采取何种方法，都不能偏离了问题的本质和内心的初衷。为了使我们的销售更加有效率，我们可以针对不同层级的人群采用不同的管理方法。就像本文提到的，针对一线的销售人员，我们更多地采用项目管理的方法来管理销售过程，而对于高层管理人员，更多地采用数据管理的方法来管理销售过程。由于公司状况和业务范围不同，每家公司要结合自己的特点制定真正公平有效的管理方法，这样才能真正使公司的业绩蒸蒸日上，不忘初心，继续前行。

附录

值得反思的案例

一个人要想获得持续的进步,需要经常地反思。通过反思,我们能够从失败中吸取教训,从成功中总结经验,为下一步勇攀高峰做好准备。对于一名销售而言,更需要反思,尤其是对于自己曾经失败的案例的反思。通过这些案例,你才能发现自己的弱点在什么地方,然后想办法强化弱点,不因为同样的错误导致项目失败。

既然反思很重要,那么,有什么方法可以做好"反思"这项工作吗?有的同事的确有在做反思,但是他们仅仅是通过大脑略微一想,然后总结出一句话,一个"反思"就过去了,印象并不深刻,下一次极有可能犯同样的错误。为了方便大家更有效地自我反思,给大家介绍一个实用的小方法——写反思笔记。

书写的过程中,会不断去梳理项目的所有过程和细节,会更全面地总结出失败的原因。而且,将头脑中的想法落实到文字,印象会更为深刻。为了更加直观,在这里"打个样",分享两篇之前写过的反思笔记,供大家参考。其中,笔记一的内容相对较长,主要是反思的内容比较多;笔记二的内容就减少了很多;笔记三主要细致分析了详细的攻略工程。还是那句话,字数不是我们的关注点,我们要集中于反思的内容。

笔记1:

本次销售过程经验不足,如果当时能够看穿的话,能大概推出这次是一锤子买卖。现实生活中的确有很多的不确定性,但是我们能够看透这些不确定性背后"确定"的东西,就能基本预测到事情的走势,判断出结果。不要被一些所谓的不确定性迷惑，不要一听到"不确定性"的因素就手足无措。

本次客户是专业做覆膜机的公司，机器相对比较成熟，可以称得上是标准机了。本来做的稳稳当当，但是有个客户的产品比较特殊，所以之前的技术解决方案不可行。这个时候，需求来了！既然传统的技术方案不可行，客户就需要寻找新的解决方案，这就是本次项目的"原点需求"。

"需求"有了，那"供给"在哪儿呢？其实解决方案有多种，如果我们坐下来慢慢研究的话，肯定是有多种合适的方案可供选择的。但是要注意，商业活动往往讲究的是快和准，由于此次项目时间紧迫，客户没那么多时间去静下心来研究，这个时候，什么样的方案最容易吸引客户呢？很简单，其他同行已经有在用的方案。这种拷贝法实在是一举多得：一是研发周期短，基本很快就能拷贝；二是既然同行已经用过，说明技术方案的可行性是没有问题的，规避了研发新机台的风险。

所以，我们就紧紧抓住客户的"软肋"，介绍我们方案的可行性并告知同行已经在用了，给他吃个"定心丸"。那么，这时候客户的心思就被你抓住了，而不会过多考虑其他的方案了。

本次我是和他们的技术经理直接接触，他们作为技术人员，一听就懂，所以很快就敲定了技术方案。下面就是准备购买了，又到了"钱"的环节。

报价其实是一个很复杂的过程，我们需要综合多重因素，来给出一个最初的合理报价。基于本次项目背景，我们应该给什么报价呢？首先，要深刻理解客户为什么会更换方案。作为标准设备，一般是不会轻易更改方案的，除非像本次一样，传统方案解决不了客户的问题。所以，很可能的情况是仅仅是本次采用新方案而已，后面还是沿用之前的方案，不会有很大的潜力。其次，我们要比较两种方案的成本，因为设备商的目的最终还是要利润最大化，如果你的方案更廉价，那很可能有持续的合作机会；如果成本过高的话，他有什么理由来选用你这种方案呢，不可能吧。因此，你卖出第一套产品基本就结束了，后面合作的机会是比较小的。所以考虑到我们利润的最大化，价格方面不需要很大的让利。原因很简单，一是"一锤子"买卖，能多赚就多赚；二是客户时间紧，而且思路已经被你牵着走了，基本不会再次更改方案了。

所以，当采购议价的时候，要强硬一点，不要被他的话语迷惑。我当时经验不足，还是让了很多利益。其实对于这种"刚性需求"很强的客户，我们的原则很简单，如果能有持续合作，价格可以让步，如果是一次性的生意，不要有太多没意义的让步。

从最终的结果来看，也的确是这样，客户购买完一套之后就再也没有购买第二套。原因很简单，像碰到本次难题的概率的确很小，所以除非有相似的问题出现，才有可能来找你。其实想想，客户当初就是仅仅为了解决本次的技术难题，其他的什么合作啊等等全是忽悠的。

有很多情况，我们对于自己的价格不自信，要注意的是，你能帮客户解决问题，这个过程本身就是创造价值的过程，这都应该核算到我们的价格里面。所以，就好比一杯水在日常尽管不值钱，但是到了沙漠就很值钱，因为他解决了你口渴的问题，从经济学上讲就是边际效应很大，同样的道理，平常你对自己的产品很熟悉，也看不出很大的价值，一旦能帮客户解决问题，同样有很大的价值。

笔记2：

一家电池公司要测量温度，是采购主动打过来询问的，主要是他们的品质总监安排。既然是主动询问，说明需求还是有的。

需求有了，很简单，我们只要迎合他的需求，就可以把东西卖掉。那我们需要分解一下他的需求。最基本的是确定功能上的满足性，这一点是绝对没有问题的，这个应用已经很成熟了。其次，提出外借的请求，在这一点上没有应对及时是造成本次项目流产的因素之一。本次客户为什么会选择外借呢，我们换位思考，估计总监是考虑到对于产品不熟悉，产品的价格又不算便宜，所以外借直接尝试是很保险的做法。

既然都已经提出外借的需求了，更加说明需求的确定性和急迫性。这时候的需求是很直接的，不用绕弯，如果外借并且持续关注的话，卖的可能性是很大的。但由于缺乏可外借的设备无法做到及时外借，满足不了客户这时的需求，这一点对于本次的销售环节来讲是影响比较大的。

往往客户在咨询的时候会咨询不止一家，哪一家应对及时，服务到位，哪一家的可能性就比较大，竞争对手进行了及时的外借，使用效果还可以，加之我们没有明显的价格优势等，所以客户最终选择竞争对手。

所以，当客户提出最初需求的时候，我们应该关注一下，如果客户深入一步的时候，我们就要警觉了，行动要迅速，不能给竞争对手时间，否则，会被对手抓住机会。

后面如果还有所弥补的话，就是持续跟进，看一下竞争对手的实际效果怎么样，看是否还有钻进去的机会。很简单，就像你卖东西的时候，有时候尽管不能100%满足客户的需求，但你还是说可以做，把它卖掉，时间可以检验一切，问题迟早都会出现，所以这对我们来说也是机会。

即使最终某个项目让竞争对手拿到了，一方面可能是我们的初期工作没有做好，后悔也是没有必要。如果还想切入的话，就持续追踪项目，针对客户在实际使用中不满意的地方下手，还是有机会搬回一局的。

笔记3：

本次项目是客户开发检测设备需要用位移传感器测量电池高度。

我们先看一下最初的需求。本次是OPPO手机电池的厚度测量，提出者一定是OPPO公司，所以，OPPO是本次项目的终端需求者。如果OPPO不提出这种需要，本次项目就不会发生，所以OPPO是本次项目的来源。对于最初的这种需求，是真正的内在需求，是引发后续一连串需求的最初动力。判断这种"原点需求"的方法很简单，如果这种需求诞生，会刺激后面的需求产生，形成一条需求链，如果"原点需求"没有产生，就不会有需求链。

其实现实中很多项目都是一条"需求链",我们顺着"需求链"往上找,开始的端点一定就是"原点需求"者,它能够影响整个需求链,是重点攻略的对象。

由于OPPO不在自己的区域,可能不好接近。假如OPPO在我们的区域内,我们应该怎么做。除了向设备商推荐我们的产品外,应该考虑终端客户的影响力,很简单,他们能决定这个单子的有无。所以可以顺藤摸瓜去找终端设备商,请他们帮忙说几句话,看似几句话,在这个项目中还是有分量的。那么,应该找谁呢,其实这就涉及设备的采购流程。

如果我们再深挖"原点需求",以本次项目为例,我们知道EU(最终用户)是OPPO,那么它是OPPO里面的哪个部门具体提出的呢?生产部、品质部还是其他部门?谁又是部门里面的关键人呢?找到关键部门的关键人,就"找对人"了。一般来讲,这种关键人是某个部门的经理,这个经理的角色在项目中很重要,一是沟通自己部门内部的工程师,从技术层面确定真正需求;二是联络部门外部,比如采购或者外面设备商,提出请购需求,可以说起到了一种桥梁的作用。所以找到他,既能够更深入地了解根本需求的细节,又能够了解其对外采购的想法。

一般来讲,需求的技术细节基本都是确定的,无论是产品公差、检测速度等参数都是硬性指标,不用过度讨论,他们自己的内部沟通基本不用过多了解。重点是要了解这个经理是怎样的"对外"想法,是走很正规的采购流程还是想从中捞一点。

如果是捞的话,还好说,钱的问题嘛,我们就散点财请其帮忙推荐一下我们的产品,反正仅仅是这个设备里面的小零部件选型,他一个电话打过去提一下嘛,根据效果再做具体行动。如果是正规流程的话,经理也没有捞的欲望,那么我们就从产品的性能入手,毕竟经理引进的项目是要对设备富有一定责任的,这就需要我们结合本次项目的技术细节介绍我们的产品优势,让他认识到这东西的确好。

说了这么多，针对本次项目来讲，EU在我这里是不起作用的，一是不太好联络到EU，二是真正的选型权利是在OEM（原始设备制造商）手里，所以重点抓住OEM攻略。

如何攻略呢？本次是"自下而上"的攻略方法，即从底层的工程师开始攻略，逐渐到他们的经理等。

本次的机构设计工程师，他们的需求点在哪里？很简单，出色地完成本次设备的设计，能够获得领导对于自己技术能力的认可，自己也有成就感。那么，采用更好的零部件对于设备设计是很关键的。所以，对于一线的工程师的攻略，就在于介绍产品的优越性能，让他相信这个绝对没问题，可以放心大胆地使用。在这个阶段要注意，工程师对于技术还是很精通的，不要忽悠他，否则，他会产生对你的不信任感。而且工程师往往在这个时候有考虑过多种方案，所以如何让工程师倾向于和你的产品相关的方案是重点。比如比较不同方案的优缺点，或者直接说同行做过，那么工程师就比较放心了，起码方案是没有问题的了。

一线工程师搞定了。接着另一个麻烦来了，他的主任认为，虽然方案可行，但是成本过高，一心想采用另一个品牌的产品。这就走到了下一个流程，工程师认可了，但上面的主任还得审查，而且有轻易改变方案的权力。

如果说一线的工程师考虑得比较简单，只着重于技术层面的话，那么，主任的话考虑得会多一点。本次而言，方案本身问题不大，这个主任很关注成本，认为我们性价比不高，所以挑选了另外一款自认为能满足他们需求的产品，而且价格差异较大。在这个地方我们要小心了，不要轻易地被价格吓到，低价的背后往往存在着机会。很简单，如果说产品性能完全一样的话，价格即使有差异也不会差很多，如果价格差异过大，我们就要从产品的性能、参数本身入手，冷静分析。本次经过分析，虽然价格差别接近5000元，但是要从性能对比上说服他，让他对于竞争对手的产品产生怀疑。主任的弱点很明显，他对于设备需承担直接的责任，所以一定要保证设备的可靠性，价格贵点无所谓，换句话讲，不是你给公司越省钱就越奖励你，万一设备出了问题就一定会找到你的。

经过这个分析，主任并没有直接给我答复，但从结果来看，还是最终没有采用竞争对手的方案，策略成功。所以主任、经理级别的要抓住他们的弱点，最大的弱点就是他们对于自己开发的设备负有很大的责任，强调采用我们产品可以没有后顾之忧，而其他产品有隐患。

虽然项目从技术层面已经搞定，但是能否完全搞定还是说不准的。到了采购流程，采购关注的就是成本。采购环节存在两点隐患：一是对于同一功能的不同品牌的选择，二是同一品牌的不同采购渠道。

一般来讲，经过批准的方案是不会轻易改变的，所以型号选择基本不会更改。但是要注意，很多采购会从成本方面影响到工程师的选型，而且这种采购往往对于技术也略知一二。渠道方面的话只能对比不同渠道的优劣，同时让工程师推荐。

本次项目的采购是个"技术型"采购，懂技术。当他对于成本提出异议时，一是从产品性能本身入手，二是价格方面稳住他，让他会意有降价空间。很多采购其实降多少和他关系不大，但这是上面给的任务，所以在这种他们自己公司的内部流程方面，不要有太多障碍，能配合的话尽量配合。

最终本次项目搞定，后面的合作机会还有很多啊。

一线工程师	需求：项目开发需要 障碍：方案选择；竞争对手 方法：性能优势
主任工程师	需求：产品稳定有保障 障碍：成本考虑；竞争对手 方法：性能优势；适当施压（比如责任）
采购	需求：价格低廉 方法：工程师施压，适当降价

销售哲思短句

在很多社会领域,我们不要轻易相信所谓"专家"的存在,不要让他们的观点成为你的偏见。销售人员不要仅仅浮于表面的工作,要善于观察,勤加思考,你的内心才能越来越强大。

1. 销售人员可以聚集到一块儿,共同讨论一个话题,你言我语,观点相互碰撞,相互交流,能够加深大家对于销售工作的认知,获得更为"深入"的成长。

2. 抓住需求点,就抓住了一切。

3. 销售人员很重要的一项使命就是:赋予产品更高的附加价值。

4. 面对客户的要求,不要轻易给承诺,如果你给了客户郑重的承诺,一定要实现。否则,如果没有做到,客户的失落感会很强,并且对你失去信心和信任。

5. 不要过于强硬去逼迫客户做决定。更温柔的做法是,给客户提供几种选择方案,让客户根据自己的实际情况做出选择。当然,我们可以通过一些方法引导客户做出更有利的选择。

6. 和气生财,这在销售领域应该也是座右铭式的成语。千万不要因为一些琐事或者个人情绪和客户产生激烈争吵,这会使你们之间的关系产生裂痕。要知道,一旦有了裂痕,再想原样恢复,是不可能的。

7. 不光是研发人员讲究"创造力",销售人员也要讲究"创造力"。销售人员的创造力主要体现在思维的创新,比如销售思路的创新、市场认知的创新,等等。

8. 销售数据分析很重要,一定要谨慎。不要随随便便就得出个"因果关系"，因为这些看起来对的道理往往经不起推敲。销售工作包含的变量因素太多，所以，数据分析一定要缜密周全。

9. 也许你工作很忙，但是不要把这种忙碌的感觉带给客户，因为这无形之中会给客户造成一种急迫感，不利于深入的沟通。

10. 销售的过程其实是建立共同利益关系的过程，我们和众多的客户建立利益关系，就形成了庞大的利益关系网，每个客户都是网络中的重要节点。

11. 很多时候，你和客户仅仅是发生了联系，并没有建立关系。"联系"和"关系"是不一样的，"关系"比"联系"要深入得多。所以，我们要考虑，如何将"联系"深化为"关系"。

12. 销售人员除了做到诚实守信，踏踏实实地去做事之外，适时的多一些"小聪明"是很必要的。不要看不上这些"小聪明"，它体现于细节之中，是处理项目事务和人际关系的"润滑剂"。

13. 和客户拉近关系的方法有很多，其中，和客户"吃吃饭聊聊天"是性价比最高、最容易，也是最有效的方法之一。

14. 销售人员一定要戒骄戒躁：业绩好的时候不要趾高气扬，业绩差的时候也不要灰心丧气。保持一个平和的心态，尽最大努力管理好自己负责的区域。

15. 我们不仅仅是客户的外部供应商，换个角度看，我们帮助客户解决一部分问题，何尝不可以理解为客户内部的某个职能部门呢？

16. 对于一名销售人员而言，我们最看中他们的两点：一是他们自身的销售能力；二是他们手头的客户资源。而这两个东西都需要通过时间和实践来慢慢累积和思考。

17. 做任何事情都要玩出"格调"来。就像日本文化，做寿司做出"高格调"，做拉面做出"高格调"，做木屐做出"高格调"……这种格调的背后就是一种工匠精神。对于销售人员而言，只要勤于思考，躬身实践，同样能将销售这种看似简单的工作做出"高格调"，将工匠精神注入销售的工作中去。

18. 除了温柔地善待客户，一定要适时地向客户展示自己有能力的一面，让客户从心里认为"你说了就算",从而减少不必要的来回斡旋,提高客户的信任度和工作的效率。

19. 客户的信任比黄金更重要。

20. 虽然同为销售人员,但是不同行业的销售思路和销售方法还是具有较大差异。尽管销售的本质是一样的,但是我们一定要根据产品特性和行业规则,制定最佳的销售策略。

21. 一定不要盲目听从别人的销售经验分享,因为往往很多结论的给出是在特定的项目背景下的。如果你想得到"老销售"的指导,不要过多询问"你的销售心得是什么""如何提高自己的销售能力"等太过宽泛的问题。好的方法就是抛出一个一个具体的项目,看看"老销售"怎么去跟进和处理,在这个过程中,你才能学到"真东西"。

22. 销售是一个见多识广的工作,需要接触形形色色的人,通过他们,我们可以洞察到行为背后很多人性本质的东西。

23. 生活是一个大百科,很多销售的道理来源于生活,而生活的道理并不来源于销售。所以,我们可以在生活中多加观察和思考,发现生活中隐藏着的"销售的道理",提取并应用它们。

24. 销售是一个综合性很强的工作,同时覆盖了多个学科,是一个"跨学科"的工作。如果你喜欢思考,可以尝试将销售和心理学、经济学、应用数学,甚至地理学等学科相结合,你会发现很多"奇妙"的东西。

25. 销售的过程不仅仅是销售"产品"的过程,也是销售"自己"的过程。我们可以尝试把自己当作"产品",思考一下,如何销售才能更好地把自己推销给客户。比如考虑下自己和别人的差异化,自己的突出特点,自己对于客户的价值,等等。

26. 销售是一个"发散性"很强的工作,在销售的世界里,没有标准答案。

27. 理性分析+感性思考,是顶尖销售人员必备的思维方式。

28. 不同公司的销售文化存在很大的不同:有的管理很严格,充满"狼性";

有的则很松散，但也不输业绩。我们要尝试去发现并理解不同销售文化的差异，去思考最优化的销售文化。

29. 要想成为一名能真正突破自我、抓住机会的销售人员，需要放弃胆怯和拘泥，释放出一颗勇敢的心。

30. 要想做成事情，"手上有人"是很关键的。因为项目实施的主体就是一个个具体的人，只要能够把握好这一个个人，就能推动项目的顺利进行。

31. 在同样的市场环境下，业绩一定是与勤奋成正相关的，而与懒惰成负相关的。所以，无论在什么样的市场环境下，都要做一个勤奋努力的销售人员，实现最大的业绩。

32. 通过观察和总结周边销售人员的语言和行为特点，我们发现大部分销售人员的销售风格是不一样的。尽管风格千差万别，但凡是一心为客户提供解决方案，一心为公司贡献销售利润的风格都是好风格。

33. 激情是每一个销售人员应该有的品质。如果工作多年之后，仍然能够保持长久的、持续的激情，真的是难能可贵。对于销售人员来讲，激情就是青春，想要永葆青春，就要释放激情。

34. 处理事情，不要单纯的以速度作为目标，要以"完美地解决客户问题"为目标。

35. 要用平等的心态去对待客户，和客户成为朋友。

36. 销售不仅仅是一门工作，还是一门艺术。我们要多加实践，培养出销售的"感觉"。

37. 拜访客户一定要兼顾"质量"与"数量"，注意拜访的效率。

38. 对于销售工作的另一种解读：销售工作是一种通过"脑子"和"嘴巴"这种"超轻资产"，在短期内迅速提高产品附加价值的工作。

39. 做生意永远不要心急，心急做不了大生意。

40. 你对于客户是否真的有责任心，一个评判的标准就是：当客户催促你协助时，你是不是感到些许的压力。有压力，说明你把客户放在了心上，而无压力，可以说明你根本不在乎客户。

41. 不但把客户变为你的朋友，尝试把竞争对手也变为你的朋友吧。

42. 你可以给客户提出建议，但是永远不要替客户做决定。

43. 永远不要敷衍客户的问题。

44. 有两种销售思路：一种思路是客户有需求后提出购买，即"先需求后购买"，这是最常见的思路；还有一种不常用的思路是让客户购买后再去思考需求，即"先购买后需求"，购买后创造需求！

45. 在客户群体中，一定要努力发现并且重视那些真正具有"强需求"的客户。

46. 信息的重要与否都是相对而言的，也许有的信息对客户并不重要，但是对于我们却很重要。所以，一定要多获取信息。

47. 要学会"转化"客户的需求，从表面的需求"转化"为本质的需求。

48. 方向比努力更重要。

49. 成功是有捷径的，关键是如何去发现捷径。

50. 拒绝"单一因素"的思考方式，对于销售工作，一定要"多因素"考虑，才能发现事情的真相。

51. 对于销售人员，要适时适度地展现自己的强硬和力量，让客户信服于你。

52. 能否拿下一个项目，很大程度上取决于你的决心。

53. 不要试图臆想客户的需求，一定要多听多问，再多听多问……

54. 相比于技术等工作而言，销售工作更容易体现出一个人的人品、性格和素质。

55. 优秀的销售工程师，一定行走在业务和技术之间，能很好地把控住二者的平衡点。

56. 在销售的过程中，一定要注意自己的原则性。要形成自己的销售原则并且坚持不懈。

57. 不论区域大小，只要"精耕细作"，就能发现别人看不到的机会。

58. 销售工作要善于使用底线思维的方法，在守住底线的情况下攻坚克难，争取最好的结果。

59. 当一个人遇到瓶颈的时候，应该想办法跳出固有的习惯性思维，改变固有的模式。

60. 我们需要经常去关注项目本身的需求，所有的思考点和出发点都是从项目本身出发，围绕项目去思考；但是事在人为，很多时候我们需要转换下思路：这个项目中人的需求到底是什么？